I0566780

DISCLAIMER

The author and publisher are providing this book and its contents on an "as is" basis and make no representations or warranties of any kind with respect to this book or its contents. The author and publisher disclaim all such representations and warranties, including but not limited to warranties of merchantability. In addition, the author and publisher do not represent or warrant that the information accessible via this book is accurate, complete, or current.

Except as specifically stated in this book, neither the author nor publisher, nor any authors, contributors, or other representatives will be liable for damages arising out of or in connection with the use of this book. This is a comprehensive limitation of liability that applies to all damages of any kind, including (without limitation) compensatory; direct, indirect, or consequential damages; loss of data, income, or profit; loss of or damage to property; and claims of third parties.

FIRST EDITION - Published 2021

Extra Graphic Material From: www.freepik.com
Thanks to: Alekksall, Starline, Pch.vector,
Dgim-studio, Upklyak, Macrovector
& Freepik.com Designers

This Book Offers Free Bonus Puzzles

Available Here:

BestActivityBooks.com/WSBONUS20

5 TIPS TO START!

1) HOW TO SOLVE

The Puzzles are in a Classic Format:

- Words are hidden without breaks (no spaces, dashes, ...)
- Orientation: Forward & Backward, Up & Down or in Diagonal (can be in both directions)
- Words can overlap or cross each other

2) LEVEL UP THE GAME!

A space is provided next to each word to write new ones, translations or notes. We also offer a convenient **NOTEBOOK** at the end of this edition. It can help you organize your annotations, new words and/or observations.

3) TAG YOUR WORDS

Have you tried using a tag system? For example, you could mark the words which have been difficult to find with a cross, the ones you loved with a star, new words with a triangle, rare words with a diamond and so on...

4) EASY TO CUT!

The Puzzles come with an Extra Large margin to easily cut the page out of the book. Some people may feel it more convenient to solve them this way.

5) FINISHED?

Go to the bonus section: **MONSTER CHALLENGE** to find a free game offered at the end of this edition!

Want **more fun** and activities to **relax? It's Fast and Simple!**
An entire Game Book Collection **just one click away!**

Find your next challenge at:

BestActivityBooks.com/MyNextWordSearch

Ready, Set... Go!

Did you know there are around 7,000 different languages in the world? Words are precious.

We love languages and have been working hard to make the highest quality books for you. Our ingredients?

One part easy-to-read print, three parts entertainment, then we add some challenging words and a pinch of rare ones. We brew them with care to serve you lots of fun and an opportunity to solve the best puzzles.

Your feedback is essential. You can be an active participant in the success of this book by leaving us a review. Tell us what you liked most in this edition!

Here is a short link which will take you to your Amazon orders review page.

BestBooksActivity.com/Review50

Thanks for your fidelity and enjoy the Game!

Delta Classics Team

Puzzle 1

```
B L H D Y Q D X J B X X M A R
P C G U X U B O L Í G R A F O
I O T N E I M I P K D W I Z W
S P C M C E M A L G D I R R H
T R O B I R O T C A T N O C B
O O N I E E S C F Ó S F O R O
L M S O M N C E R L U G Z K Q
A E T L P Ó A V O A I V U L L
T D R O I I H E I T B Y B R Q
L I U G É C C D R R Y P B N B
P O I Í S R U D E M C U R S O
X T R A Z O N A P S K P V I P
W W W E C P R O U D F X K I V
V B N Z D A D I S R E V I N U
```

CURSO
PORCIÓN
CIEMPIÉS
ZONA
SUPERIOR
MOSCA
QUIEREN
BIOLOGÍA
PISTOLA
FÓSFORO

UNIVERSIDAD
CONSTRUIR
DIO
BOLÍGRAFO
PIMIENTO
PROMEDIO
CONTACTO
BARCO
ZOO
LLUVIA

Puzzle 2

```
G T O Q U E L M Q Z M Y S P I
H P R O P I O E A U O A X T L
J A E B N F A T N Q I G B C U
N T M U U N R Q L F R E Z B S
O L X B A Í Ñ A P M O C N K T
F A U V R E W S V O H Q V M R
Y Z Y O C I F Í N G A M U X A
L F F S Z J E J M R D F X E R
A S I S T I R N O P U E S T O
E H A S T A J A T S I T N E D
R C R E G I Ó N T O T I X É J
D I R E C T O R I Y R U G R I
K E P T O G O F P Z I O S S O
E M P L E A R L O T S E D O M
```

EMPLEAR	ÉXITO
QUIEN	COMPAÑÍA
DENTISTA	PROPIO
TIPO	MODESTO
REAL	ASISTIR
DIRECTOR	ALTA
ENFOQUE	HAMBRIENTO
HASTA	ILUSTRAR
MAGNÍFICO	TOQUE
OPUESTO	REGIÓN

Puzzle 3

```
X K T E L E S C O P I O D V D
P R E G U N T A H D B Y G A E
F R J I M O B E A M K A Y W S
I U N J O Z D I G R K C S B G
H D E D S R P R S Q Y N M E A
P O G N O T C A P M I A I S S
A D R L T M E T Z E V L N U T
I N O A S E X N N E L B U É A
L U T I I G R A S A B L T T D
S F C N M O W U U V E V O E O
S O A E A O P G Q F E V S R Z
J R N G E S T A B L E C E R C
X P M Ú S I C A R Á B A N O E
C O M P L E T A M E N T E X K
```

BASE	AMISTOSO
FUENTE	ACTOR
IMPACTO	GENIAL
MINUTOS	GRASA
BLANCA	MÚSICA
TELESCOPIO	COMPLETAMENTE
ESTABLECER	PROFUNDO
DESGASTADO	RÁBANO
PREGUNTA	AGUANTAR
SUÉTER	HORA

Puzzle 4

```
E D U C D I V E R S I Ó N Z R
M L A G A R T O B T I A W H D
P T S I Z C P P R O T I N O M
U U I N A O L I E T X S L D C
J X Z T V N A N C N O E W A U
A D U E X S N V U E U L U T J
D G D R Y T O I P T Z G O N V
O A F N W A U S E A L I K E J
I D B O D N L I R M E N O S O
P Y G A F T O B A A Q U Í A K
G U G C J E X L C F Ú T B O L
X Z L C N O T E I M O A P F M
A R R U G A R U Ó A L E G R E
A P O S I B L E N Q R M P M S
```

RECUPERACIÓN

INVISIBLE

OTRO

POSIBLE

EMPUJADO

DIVERSIÓN

IGLESIA

CONSTANTE

MENOS

LAGARTO

ASENTADO

FÚTBOL

AQUÍ

ALEGRE

PLANO

INTERNO

ATENTO

ABAJO

ARRUGAR

MONITOR

Puzzle 5

```
T Q E U N Y T M P I D I M P X
Q R Z D Ó K O A R D F G A R O
A R A L I F M D Á I C F T E Z
U G R T C M A E C L L A R O R
F S U S A M T R T R A C I C E
B P T J R R E A I E V I M U L
A R A M E C V B C L O L O P I
L E R G P R U O O O R I N A G
C C E R O M O D L J U D I D I
Ó I P C P O H A Q V G A O O O
N O M W Y V J T R P E D R Q S
U J E J E C L A O W S R S J O
T P T K M A R T I L L O S V L
O X W B A N C O Q L S E Z E C
```

RELOJ
MARTILLO
ATADO
OPERACIÓN
PRÁCTICO
MATRIMONIO
PRECIO
MADERA
TOMATE
CLAVO

VOLVERSE
PREOCUPADO
FACILIDAD
TRATAR
BANCO
BALCÓN
AGUJERO
RELIGIOSO
TEMPERATURA
SEGURO

Puzzle 6

```
C D K V Q W V L D Q M U S F A
S O M I X Á M M A E M R I F U
O R T E M Ó M R E T S C L F N
R M B P Q U A A A C M E C R Q
E I D U R O L N X S Á B O E U
T T V J J V Q U J D I N W S E
N O E S A P U L M E J E I A D
E R J B M P I X O L H H N C Z
N I N J C B L Y T F P N E T O
X O E I E R E F E Í B F I A O
H M Z B T D R Q L N J E N N N
U D O M I N A N T E U Q R O P
S O L I C I T U D I R H Y S U
A L I M E N T A R A W T W Q M
```

DORMITORIO
SOLICITUD
TERMÓMETRO
PASEO
ENTEROS
AUNQUE
DELFÍN
ASIENTO
MOTEL
DURO

MECÁNICO
PORQUE
FRESA
LUNAR
ALQUILER
MÁXIMO
DESEO
FIRME
DOMINANTE
ALIMENTAR

Puzzle 7

```
R V O L T I O S C D Y V S N B
E E P S W Z B S X E P W Y A O
V L Q B T F R N A J N A R G L
P B P U K C E T M W E T P L L
D A M A E J V X L L A S A N O
A H D N Y R C U E V A L S V S
L C J É G L I P R O M E S A O
G E U C C R Q R Z D B E Z D Í
O S E L I A C C I N R T V A T
D E G B F Q D K D A L Q U N L
Ó D O R E T R A C M E V F O N
N O V U U J E H L O C N V M Z
B O R R A D O R P T Z A V I J
T R A T A N D O D J Z R L L S
```

BORRADOR
TOMANDO
PROMESA
DESECHABLE
VOLTIOS
LIMONADA
VERBO
BOLLOS
JUEGO
TRATANDO

CENTAVO
CARTERO
ALGODÓN
REQUERIR
VER
DÉCADA
TÍO
CUEVA
GRANJA
DAMA

Puzzle 8

```
H Y S Á Z I U Q M Z Q Z C T M
A M O I P A M G P M F K A E Ó
B E M M Y E S U E X R Z B M R
L T I A I C R F S T U W A B B
A M X R N E P M K I I J L L I
R F Ó I G R R O A Y C K L O T
D B R N R C O R Í N Z A O R A
J E P A E A C E R A E F L O A
Y M D S D D E Q U L R C H S P
S E T O I O D U D E M T E O L
J J R D E A E I I V G X F R A
S V E S N D R E B E D O D C Z
D E J A T O I R A R O H A A A
O V J E E P N E S G K A S A R
```

HORARIO
REQUIERE
MARINAS
QUIZÁS
INGREDIENTE
MUSICAL
CERCADO
REVELAN
SABIDURÍA
TEMBLOROSO

CABALLO
ÓRBITA
HABLAR
PRÓXIMOS
PROCEDER
APLAZAR
PERMANECER
APIO
DEDO
DEJA

Puzzle 9

```
C A P T U R A K M Q U J M X H
E T N E M L A N O S R E P F O
F F P R A Y O H D Q Q C O B S
N U N S A C A N I P S E D A P
N E C U D O R P F N E D R Y I
A L I U G Á A M I N X K Y M T
T O L G I S J F C J S E T A A
A H R P I T E P A J A D U D L
C C A I F A D M R Z O R E F Z
I E N Y L D V X Q B Q O D Q J
Ó R E Z T L O B O H D B E D O
N T D Q V L A R E A L I Z A R
G S R M G I X K O M A U M R D
S E O A N I M A L E S U Q P H
```

ORILLA	PERSONALMENTE
FEROZ	FUE
PRODUCEN	ORO
NATACIÓN	DEJAR
HOSPITAL	MODIFICAR
ÁGUILA	SETA
REALIZAR	ESTRECHO
BORDE	ANIMALES
ORDENAR	SIGLO
ESPINACAS	CAPTURA

Puzzle 10

```
P  R  O  F  E  S  I  O  N  A  L  U  P  D  P
O  D  I  N  F  I  N  A  N  C  I  E  R  A  O
S  R  E  J  E  C  U  T  I  V  O  T  J  Y  V
O  C  G  W  H  G  E  K  X  Q  R  N  J  Q  J
M  P  O  A  P  O  R  T  Á  T  I  L  O  U  E
R  A  M  M  N  L  V  C  A  Y  O  A  Ñ  I  N
E  V  S  S  E  I  E  V  J  Q  Y  T  A  Z  W
H  O  I  J  K  N  Z  C  K  O  D  A  S  E  P
C  E  R  E  Z  A  T  A  H  T  E  F  H  I  D
E  N  F  E  R  M  O  A  C  U  C  N  U  D  W
A  I  R  N  W  T  Q  D  R  I  G  F  M  U  Z
C  T  R  I  A  H  E  N  O  I  Ó  A  O  K  U
U  Z  Q  V  F  Z  F  O  Y  V  O  N  Q  A  K
G  U  S  T  Ó  H  G  R  A  E  P  L  O  G  A
```

ORGANIZACIÓN
HUMO
DIEZ
HERMOSO
PESADO
GOLPEAR
FATAL
PROFESIONAL
FINANCIERA
PORTÁTIL

PAVO
GUSTÓ
COMENTARIO
EJECUTIVO
RONDA
LECHUGA
NIDO
NIÑA
CEREZA
ENFERMO

Puzzle 11

```
D R Q R O J I B F V Y E A H L
V E G A Y Y A I R O T S I H V
I L M N N U Y B R O G A L U Y
C D H O V Q U H I S M Z G X G
U A O I S N T P C É X E A U S
R D C C H T O L E P C P A W A
I I I C B F R M D T G A M R C
O N L E D X L A E I B P I K A
S U B L L A D O R M A E C O P
A T Ú E U P P V P A Ñ L É P U
C R P S N Ú M E R O O M D P N
B O R E U C O N D I C I Ó N T
K P S A L T A M O N T E S E A
I O I N V O L U C R A D O N S
```

DEMOSTRAR
CONDICIÓN
SACAPUNTAS
BAÑO
PAPEL
SELECCIONAR
HISTORIA
SALTAMONTES
DÉCIMA
SÉPTIMA

BROMEAR
INVOLUCRADO
CURIOSA
OPORTUNIDAD
LADO
LAGO
IDO
PREDECIR
NÚMERO
PÚBLICO

Puzzle 12

```
A  L  M  U  E  R  Z  O  C  T  I  G  P  J  B
H  Q  B  Q  F  A  O  O  L  I  C  T  H  A  E
K  S  F  M  V  R  V  S  O  B  E  F  O  T  R
E  S  T  U  D  I  O  S  M  T  N  N  T  N  R
V  A  R  I  A  B  L  E  S  U  S  J  C  E  O
F  A  B  R  I  C  A  R  I  U  I  C  U  I  U
M  W  V  H  K  K  T  M  T  O  C  I  D  M  A
Z  Y  F  T  W  A  J  G  E  O  K  O  O  A  R
D  E  T  E  C  T  A  R  L  M  G  E  R  R  E
U  X  K  F  T  B  Q  E  T  O  O  R  P  R  T
K  P  M  G  G  N  K  N  A  S  B  R  P  E  E
G  E  N  E  R  O  S  I  D  A  D  O  I  H  N
A  Ñ  O  S  U  O  D  A  Z  N  A  C  L  A  E
C  A  B  A  L  L  E  R  O  I  X  R  E  X  R
```

PRODUCTO	CABALLERO
ALCANZADO	BERRO
DETECTAR	CIENCIA
CORREO	AÑOS
GLOBO	ATLETISMO
RETENER	VOZ
GENEROSIDAD	ESTUDIOS
HERRAMIENTA	MEMORIA
VARIABLE	FABRICAR
CISNE	ALMUERZO

Puzzle 13

```
I  Z  K  C  J  N  E  M  P  O  G  E  U  F  M
S  N  B  Z  O  Q  C  E  E  D  E  U  E  K  E
E  B  V  B  Z  V  N  D  R  A  R  E  Y  A  J
R  V  I  E  E  C  T  I  E  E  E  D  V  Z  O
Á  D  I  X  S  S  O  R  C  L  N  R  E  W  R
N  A  I  R  I  T  T  U  E  O  T  E  H  E  K
S  D  A  I  G  D  I  U  R  S  E  V  Í  V  L
X  I  M  R  J  L  C  G  F  X  K  H  C  E  I
R  V  E  C  K  U  R  X  A  A  T  K  U  R  N
L  I  L  M  Y  C  É  W  D  C  X  Q  L  S  G
C  T  B  B  P  P  J  I  E  S  I  I  O  I  L
F  C  O  V  Y  R  E  J  N  V  E  Ó  Y  Ó  É
R  A  R  I  P  S  E  R  O  Q  C  D  N  N  S
D  K  P  L  R  M  I  G  M  N  B  L  X  Y  J
```

EJÉRCITO
FUEGO
MONEDA
ESTUFA
VERSIÓN
ACTIVIDAD
SERÁN
SOLEADO
PROBLEMA
MEDIR

VERDE
SIEMPRE
MEJOR
RESPIRAR
PERECER
GERENTE
INVESTIGACIÓN
INGLÉS
VEHÍCULO
AYER

Puzzle 14

```
R D T L G S D A U D I C I Ó N
Z I U E J A I V E J M Z L Z F
A F M N H L S I E S Z Q S Q A
N Í U A U Z T A G J K A A G M
A C O T F U R A D N Á T S E I
H I C I A M I R G Á L G O D L
O L H V O H B C A P A Z I K I
R Ñ O O K U U M Q P L A C O A
I L O K H E I D W G E G A O R
A Y K T F S R P A L A B R A I
D R C R O O M A C W S N G Y Z
F U N D A M E N T A L P F W A
V O C A B U L A R I O X O C D
V O L U N T A R I O C V U J O
```

VIAJE	LÁGRIMA
GRACIOSAS	CITA
ESTÁNDAR	OTOÑO
ZANAHORIA	AUDICIÓN
HUESO	SEIS
PALABRA	FUNDAMENTAL
VOLUNTARIO	CAPAZ
DISTRIBUIR	OCHO
VOCABULARIO	DIFÍCIL
NATIVO	FAMILIARIZADO

Puzzle 15

```
V E S T I D O V P D O Y K H L
T R E M E N D O D A T S A G C
O V A M L A U D A R G X O K A
M U L T I P L I C A C I Ó N S
T E S S M Q W T L B N O B C O
J O R G R E A R Í O C O M Ú N
E Y M R Q J S U D R W S M S Y
X B E A Í T W S E P H G X S Y
N Y G M R J J U R M O C S G N
A F H O D O P L J O X J A C B
J U N T A S N V X C L T U Z O
C O N D U C T O R S I N S Q A
G V F R S R A N A S S T V P W
A C C I D E N T E V E L Y S T
```

TOMARON	CAZA
LÍDER	GRADUAL
MULTIPLICACIÓN	JUNTAS
CONDUCTOR	TREMENDO
COMÚN	MES
RANA	VESTIDO
GASTADO	SIN
COMPROBAR	TOMAR
ACCIDENTE	TÍA
CASO	SURTIDO

Puzzle 16

```
H  I  E  B  V  Q  S  S  C  T  S  P  H  E  D
A  D  R  R  H  A  L  Y  L  K  O  R  I  S  E
C  Z  A  U  I  U  S  X  U  I  B  I  P  T  S
E  G  Ñ  J  A  A  O  T  B  E  R  V  O  R  P
R  M  A  A  Q  R  S  Q  O  L  E  I  P  E  L
T  T  P  D  J  E  U  J  K  B  S  L  Ó  L  A
Z  P  M  A  B  R  K  A  K  A  A  E  T  L  Z
Z  O  O  R  G  R  C  R  S  S  L  G  A  A  A
O  S  C  I  L  A  C  I  Ó  N  I  I  M  S  R
R  V  A  M  G  C  M  T  T  O  E  O  O  J  S
M  A  R  A  V  I  L  L  A  P  N  R  B  B  Z
C  O  L  I  N  A  H  N  D  S  T  L  P  G  Q
R  X  Z  D  E  C  A  E  R  E  E  I  Y  T  W
I  M  I  T  A  R  L  J  J  R  P  J  X  U  Z
```

COLINA	CLUB
PRENSA	OSCILACIÓN
DESPLAZAR	ESTRELLAS
HIPOPÓTAMO	VASTO
ACOMPAÑAR	AIRE
SOBRESALIENTE	HACE
MARAVILLA	RESPONSABLE
PRIVILEGIO	IMITAR
BRUJA	DECAER
MIRADA	CARRERA

Puzzle 17

```
Z  S  O  R  T  O  D  E  I  M  T  E  J  D  E
H  A  L  H  O  R  T  N  E  C  N  C  T  E  S
G  D  N  G  D  Y  G  T  X  L  Ó  L  Y  S  P
A  É  E  J  O  N  N  E  H  K  I  R  Z  C  E
R  B  V  A  A  S  E  L  L  O  T  A  Z  E  C
T  I  O  R  V  I  A  A  K  I  S  V  B  N  T
E  L  J  D  R  X  V  U  X  C  E  R  L  D  Á
P  U  J  I  O  D  S  N  P  L  G  E  Q  E  C
K  A  O  L  O  H  Z  A  V  F  T  S  S  R  U
Y  D  T  L  E  N  Ó  I  S  I  C  E  D  O  L
Y  K  W  A  T  C  J  K  A  D  I  R  I  R  O
R  E  V  I  S  I  Ó  N  P  Y  J  P  M  S  Z
D  I  P  L  O  M  A  S  E  R  V  I  C  I  O
J  P  V  U  L  D  J  V  R  C  F  E  H  W  Q
```

SELLO
DECISIÓN
REVISIÓN
MIEDO
SERVICIO
CENTRO
DESCENDER
TODO
DIPLOMA
ESPECTÁCULO

DÉBIL
OTROS
ARDILLA
ANUAL
BAILE
GESTIÓN
PRESERVAR
ARTE
ZANJA
JOVEN

Puzzle 18

```
I  G  I  M  A  G  E  N  F  Y  O  B  E  C  J
J  N  G  E  M  P  E  Z  A  R  D  A  N  O  R
O  Ó  S  O  N  A  B  M  Á  R  A  C  C  M  A
G  B  D  T  C  E  U  U  K  D  V  S  A  U  C
L  R  L  U  I  O  S  S  W  F  E  I  N  N  I
C  A  T  L  C  T  C  P  L  D  L  P  T  I  F
U  C  Q  O  B  M  U  H  A  Q  L  E  A  C  I
K  A  A  S  R  Y  M  C  E  R  N  R  D  A  L
H  F  D  B  Y  G  M  W  I  O  C  O  O  R  P
A  D  L  A  P  S  E  B  F  Ó  U  I  R  S  M
O  J  O  S  E  C  Y  Z  F  Y  N  D  R  E  I
C  U  M  P  L  I  D  O  F  P  A  D  R  E  S
P  U  B  L  I  C  A  C  I  Ó  N  F  I  N  Z
Y  G  L  P  R  E  S  I  Ó  N  J  N  T  N  J
```

COCHE
OJOS
ESPALDA
PADRES
IMAGEN
EMPEZAR
PUBLICACIÓN
ABSOLUTO
PERO
ENCANTADOR

PRESIÓN
FIN
CARBÓN
COMUNICARSE
CUMPLIDO
SIMPLIFICAR
LLEVADO
INSTITUCIÓN
ESPARCIR
CARÁMBANOS

Puzzle 19

```
C R E M A O E X P R E S O A I
V I N O D N U M X W U I E T G
S J Z C P C A T A R D E C E R
A Z W N L E T O H T O N D Y B
R S Y B I U S O H W E P N H K
A H E R M A N A S A T Ó Q G D
U S C M P J C M I E N T R A S
C U U E S O L O T N E I V R C
A A T M S K P U N C M R H F O
V Y S A I K A S L G M G L U M
E F A I Q R K R A N E P G N P
I N F O R M A C I Ó N L F M R
X C S V O M Y M H S L I A K A
B C M A M Á O C U P A D O R R
```

MAMÁ
OCUPADO
HERMANAS
ONCE
VINO
EXPRESO
COMPRAR
EVACUAR
CREMA
MENTE

POR
INFORMACIÓN
CONGELAR
HOTEL
ASUMIR
MUNDO
VIENTO
GRITÓ
MIENTRAS
ATARDECER

Puzzle 20

```
P  E  T  I  R  R  O  J  O  S  S  A  G  N  D
M  I  L  L  Ó  N  S  Q  U  A  L  L  R  U  I
A  C  A  D  É  M  I  C  O  P  F  F  A  C  S
F  R  E  C  U  E  N  T  E  R  L  I  V  O  F
T  P  T  T  R  K  X  K  H  A  O  L  E  L  R
É  R  L  I  Q  P  X  V  Y  T  Z  E  D  U  U
R  F  A  Á  G  Q  A  P  J  N  I  R  A  M  T
M  O  M  G  S  R  X  I  D  E  H  E  D  N  A
I  F  I  X  H  T  E  Ñ  E  V  C  B  M  A  R
N  K  C  I  Z  B  I  A  E  N  E  I  T  P  O
O  Y  E  N  B  J  X  C  F  I  H  B  L  Q  O
S  E  D  L  E  N  J  X  O  O  C  A  Y  Ó  N
S  A  L  C  H  I  C  H  A  S  A  U  R  X  N
N  E  C  E  S  A  R  I  O  S  C  F  V  J  F
```

PETIRROJOS	PIÑA
MILLÓN	TIEMPO
SALCHICHAS	INVENTAR
ACADÉMICO	COLUMNA
TÉRMINOS	PLÁSTICO
DECIMAL	GRAVEDAD
FRECUENTE	DISFRUTAR
HECHIZO	TIENE
ALFILER	TIGRE
CAYÓ	NECESARIO

Puzzle 21

```
A F A M I L I A S D S C G U N
Z M F B Y Q V K T E E I A F V
A R B G Ú Y N F E L C N L S V
T D X I A F K Z X I C T L P X
Z A U I E D A G T C I U I E H
R R A M V N J L O I Ó R N V P
Q U E L K P T Q O N Ó A V G
G A N A D A S A A S D N F J S
C U B I E R T O L O N N I J O
E X P E D I C I Ó N T V A J P
Z W S G O R R A I R I S R U A
B O N I T A R E M I R P O K C
F I L A M U G N M S I H P N M
P K G U M O D E R N O S A O Q
```

BÚFALO
BONITA
TAZA
GANADAS
GALLINA
IRIS
EXPEDICIÓN
ROPA
DELICIOSO
GORRA

SECCIÓN
CUBIERTO
MODERNO
FAMILIAS
AMBIENTAL
CUANDO
PRIMERA
FILA
SOPA
CINTURÓN

Puzzle 22

```
A P T B F Ó R T N O C N E H T
I O L E F Q A H Ó O N B X O I
S B E U X O P V E C W K I L E
L L R P V T H C L O E D S A N
A A A T M C O D C D D V T A D
D C N G C E M Z Z A I A E W A
O I X U C F O I M I S T Z O V
F Ó Y Y E E L P N F C L Z I Y
N N L C T R P W F N U E I R R
L I Y J P B I J P O R U A A M
O C E D A D I L A C S S X S Y
H T C V D Z C E G Z O E Y O E
E K Y N E L C T O L W S S L K
N P R E O C U P A C I Ó N G V
```

CALIDAD
PLOMO
PREOCUPACIÓN
DISCURSO
POBLACIÓN
EXISTE
SUELTA
NIEVE
TEXTO
CONFIADO

ENCONTRÓ
EFECTO
TIENDA
ERAN
AISLADO
PAR
LEÓN
GLOSARIO
RIZADO
HOLA

Puzzle 23

```
H R A N O I C P U R E B P S Y
O E F A I S Á N V V I L R E M
C G F H P F S H I X T O E P S
K R D P F F U L D D C Q V A O
E E D O L E M A R A C U E R L
Y S N I B I E Z E L J E N A I
A A L L O L L U I S L I I R T
R R C D L M E R D A M E R C A
V O F M E Z A A Y T R H N L R
E N O U D A L D W O R R I O I
A E B I O L V I R C W N I O O
L Y D C M I I V H S P X R B O
G R O S E R O L H A J W N A A
S U C E D E R O W M L I B R O
```

FAISÁN
SOLITARIO
OLLA
DOBLE
LIBRO
MASCOTAS
PREVENIR
ARRIBA
SEPARAR
GROSERO

HOCKEY
REGRESAR
OLVIDAR
LLENO
MADRE
MODELO
BLOQUE
ERUPCIONAR
SUCEDER
CARAMELO

Puzzle 24

```
D Q C F L O R A C I Ó N D P I
U I M O C I D É M V C A I A N
B P G A R E T E C E T R P C
V U S E Z R D X B R N A E A I
A E L T R P E P V K T Q C Q D
L E A N H I T C W M R U C E E
R O U O H A R U T O A E I M N
E O D R A P O E L O L S Ó P T
D G Z E D Q R A S I R P N U E
E Z Y C M Q M M W F P K B J D
D Y G O E X O B U B B Á S A A
O P L N V I S I B L E S N R O
R F D I J U R A D O N B M S L
K Q C R S E N T A D O O O U P
```

JURADO

SENTADO

LEOPARDO

ATAQUE

EMPUJAR

ALREDEDOR

VISIBLES

BOXEO

PAPA

MÉDICO

DIGERIR

RINOCERONTE

TETERA

FLORACIÓN

CORRECTO

DIRECCIÓN

PRISA

CENTRAL

INCIDENTE

TULIPÁN

Puzzle 25

```
V  E  J  C  C  B  E  L  E  F  A  N  T  E  M
A  Z  O  C  E  O  R  G  E  N  Í  H  R  I  I
E  M  P  V  A  M  E  B  G  N  R  R  Y  I  S
R  S  A  D  B  B  M  E  R  O  D  E  O  C  T
R  E  T  F  V  E  S  P  F  J  O  V  S  O  E
E  R  C  R  A  R  G  N  A  S  P  L  A  D  R
G  Á  O  H  U  O  I  P  E  R  S  O  N  A  I
I  F  D  J  A  C  M  B  A  H  R  V  A  B  O
S  A  U  X  N  Z  T  J  E  L  O  N  Z  A  S
T  G  Y  X  L  J  A  U  D  C  H  E  N  C  O
R  A  W  V  J  Y  A  R  R  M  N  W  A  A  I
O  D  E  S  P  E  R  T  Ó  A  G  O  M  M  R
S  O  B  R  E  V  I  V  I  R  M  Z  C  T  B
E  S  Q  U  E  L  E  T  O  V  U  E  L  E  N
```

MERO	MISTERIOS
PERSONA	ENVOLVER
DESPERTÓ	NEGRO
SANGRAR	ACABADO
RÁFAGA	ESTRUCTURA
CONCEBIR	BOMBERO
ESQUELETO	ELEFANTE
RECHAZAR	REGISTRO
SOBREVIVIR	VUELEN
MANZANA	PODRÍA

Puzzle 26

```
W E E R E F R I G E R A D O R
S E P L M Á Q U I N A V M Z P
S O F Á É G E U V E Y N H I R
H S S W E C B A F L N Ó O R A
S I R O I X T I T E K I N E N
Y M B D M Y I R M E R C A D O
A O U A V B O T I V U I T I I
D R A Ñ A S R C O C X D Á T C
S P I E S N E A U S O E L U R
U M A S O A D S W L O M P U O
F O P N S D R A N I U Q S E P
R C D E I L O B W L G B I E O
I H D W U J C C M A C A L P R
R Y C O N O C I M I E N T O P
```

CONOCIMIENTO
SOMBRA
ENSEÑADO
EXITOSO
PROPORCIONAR
ELÉCTRICO
COMPROMISO
REFRIGERADOR
CORDERO
ESQUINA

MERCADO
MEDICIÓN
VASOS
LILA
ERIZO
PLÁTANO
MÁQUINA
PLACA
SUFRIR
SOFÁ

Puzzle 27

```
L K F D M K N V D S S U H G O
F C P L G N A V Y B D O J K P
G F D S Z A D A N V E T L E M
G D C O I X R Í E R F R E O O
S O G I M E N E W A E A S T P
E D W Z P A C G M E N U P N O
R A C Z R D A A X R D C O E N
G J L Q O M E T L B E V S M E
G O Q A B Z V M C I R F A A N
C N Z Y A M X Y P E F U N G T
T E M A R M I T A D B I B E E
A L T I T U D J E L E F C P Z
I N T E R N A C I O N A L A S
S O L U C I Ó N E C R E J E R
```

PEGAMENTO
OPONENTE
DEFENDER
ESPOSA
ALTITUD
EJERCEN
TEMA
INTERNACIONAL
ENFERMERA
REÍR

NADA
MITAD
ENEMIGOS
SER
CALIFICAR
PROBAR
ENOJADO
SOLO
CUARTO
SOLUCIÓN

Puzzle 28

```
A N T E S C Ú B I R A C G Q A
D E A T N E I R O V L O P J P
A L E A T O R I O T F O I J R
J B D A R E V A M I R P C C E
E A L B C O N O F É L E T U S
C U N A S O Z E R E P R J M I
K H W H T F I S I K V A U P D
E E S C W I C C A N V R Q L E
Q O L U T Í P A C L Q L I E N
D D E D X T V A Z R A O D A T
Z I Q X R A U J C K A S U Ñ E
T C A L F O M B R A O D Y O B
R A N O D R E P E Q N Z I S B
O N I N V I T A C I Ó N I O J
```

POLVORIENTA
RADIO
COOPERAR
TELÉFONO
NACIDO
CUMPLEAÑOS
PRESIDENTE
INVITACIÓN
ANTES
PRIMAVERA

CARIBÚ
SALA
CUNA
ALEATORIO
CAPÍTULO
DUCHA
PERDONAR
CAPITAL
ALFOMBRA
PEREZOSA

Puzzle 29

```
C N H P A E D X D O Y E Í I P
F Á O E L B I G E L E S N N R
I T M M T T C U N N U C D V O
E G T A M I H D I U L R I I C
S F A Y R H O Z E B Á I C T E
T M O T S A G Z P N M T E A D
A D A D I L I B A H P O S R I
S N Ó I S I R P W L A R D P M
R N Q O Q A B K D G R A W A I
X Y Q H P T A Y K V A Z J N E
J Z G P D N M A B Q P N E D N
D Z E R C L P A N Y A A S N T
J Z A G R A N J E R O L T J O
T R I M E S T R E J U W A U T
```

FIESTAS

PRISIÓN

LÁMPARA

ELEGIBLE

ÍNDICE

GASTO

GRANJERO

HABILIDAD

ESCRITOR

DICHO

PROCEDIMIENTO

LAZO

LANZAR

ESTA

PAN

CÁMARA

INVITAR

PEINE

ABRIGO

TRIMESTRE

Puzzle 30

```
C A C I Q D P I M O X F A I S
O L Z O M E T R V L L A T N K
M E E M H V W F O L C L N C S
I G K F M E G Q Z H V D I L I
D R U F I R T E G S I A F U M
A E F A R B X E E U H B B S P
D M J B A G R A C S U Z I O L
L E V O N Z E H D T E G G R E
E N X F D X T N P A Y H H G M
C T A X O R R S O N R R E G E
N E J G R U E S O C G T H P N
S A B I O E V B B I T K N J T
S E R I A M A L O A S Q R E E
C A B E Z A M I S E R A B L E
```

MALO
SIMPLEMENTE
FALDA
INCLUSO
SABIO
SUSTANCIA
SERIA
BREVE
COHETE
CABEZA

PROHIBIR
MIRANDO
VERTER
CELDA
COMIDA
ALEGREMENTE
ENTRADA
CARGA
GRUESO
MISERABLE

Puzzle 31

```
P  Z  R  V  Q  K  T  D  C  C  U  E  I  N  Q
R  A  E  E  I  J  V  X  A  R  B  A  C  U  U
Í  P  F  N  S  S  Q  E  L  W  M  Y  P  B  E
N  A  E  A  P  M  I  G  M  U  C  P  R  L  M
C  T  R  G  B  N  B  Ó  A  D  N  C  V  A  A
I  O  I  H  T  C  O  D  N  V  G  I  E  D  R
P  J  R  E  V  L  O  S  E  R  M  V  D  O  C
E  N  Ó  I  C  A  S  R  E  V  N  O  C  A  V
P  E  S  T  O  R  T  A  B  K  Q  O  C  H  D
A  G  Y  M  N  P  R  O  C  E  S  O  A  M  D
Y  R  G  Q  I  C  O  M  P  R  A  D  O  I  S
U  I  S  L  P  X  C  E  N  T  A  V  O  S  B
I  T  J  C  E  I  M  Á  S  C  A  R  A  V  G
R  A  R  A  P  S  I  D  S  A  L  U  D  A  R
```

COMPRADO	REFERIR
CONVERSACIÓN	CENTAVOS
SALUDAR	NEGRITA
DISPARAR	MÁSCARA
QUEMAR	VISIÓN
PEPINO	CABRA
ZAPATO	TORTA
RESOLVER	CALMA
NUBLADO	PRÍNCIPE
UNIDAD	PROCESO

Puzzle 32

```
P  S  F  Y  O  C  E  U  S  O  C  V  S  B  V
R  E  Z  D  S  G  T  X  W  O  O  S  O  U  A
O  Q  T  K  I  U  N  D  T  L  I  L  B  V  L
D  U  T  R  P  O  A  O  R  E  C  R  R  U  I
U  Í  A  O  B  D  T  Z  D  I  N  O  E  U  E
C  A  J  T  Z  A  S  B  P  C  E  D  E  L  N
C  J  E  W  R  S  A  J  L  N  L  A  E  V  T
I  W  V  N  M  A  B  X  W  U  I  U  E  R  E
Ó  P  O  X  A  P  C  M  E  S  S  D  J  O  X
N  T  A  X  I  C  S  T  D  N  H  A  U  L  N
U  B  V  J  H  U  I  C  I  P  I  R  B  O  X
U  Z  H  X  U  B  T  Ó  V  V  Z  G  K  C  M
P  E  R  S  O  N  A  L  N  C  O  G  R  A  L
R  E  C  I  E  N  T  E  M  E  N  T  E  Q  P
```

SEQUÍA
VALIENTE
COLOR
PRODUCCIÓN
TAXI
PERSONAL
ATRACTIVO
SUECO
OVEJA
GRADUADO

CIELO
NACIÓN
RECIENTEMENTE
PISO
SOBRE
PASADO
SILENCIO
LARGO
BASTANTE
EXTENDER

Puzzle 33

```
F  A  O  P  P  Y  D  G  C  O  Í  M  T  M  V
B  O  U  X  L  D  E  E  O  F  B  C  S  O  I
B  X  L  B  N  J  N  G  L  E  A  N  T  C  E
T  P  X  I  P  T  S  R  G  N  R  D  T  H  R
C  S  E  R  B  M  O  H  A  D  A  O  E  I  N
W  V  E  B  U  É  P  C  R  A  T  K  M  L  E
C  H  I  C  O  S  L  O  O  N  O  U  P  A  S
M  G  A  A  S  Í  K  U  H  M  O  T  O  J  M
M  A  R  I  P  O  S  A  L  C  T  E  R  N  Y
E  M  O  C  I  O  N  A  L  A  R  R  A  O  V
T  B  C  A  N  D  A  D  O  V  E  R  D  P  W
C  I  U  D  A  D  A  N  O  J  N  O  A  S  I
D  I  X  R  U  X  G  I  X  Q  H  R  H  E  Z
D  E  S  L  I  Z  A  M  I  E  N  T  O  C  V
```

HOMBRES	MOCHILA
TEMPORADA	OFENDAN
CIUDADANO	TREN
CHICOS	ASÍ
CANDADO	BARATO
TERROR	MÍO
COLGAR	ESPONJA
EMOCIONAL	DENSO
MARIPOSA	DESLIZAMIENTO
LIBÉLULA	VIERNES

Puzzle 34

```
S D E N O M I N A D O R O M Q
E F A L L A R Z Q L F T Y I U
C V Q N V I D T E J U R X N E
O R E C E L Y P M T E A E W R
N A V E G A R M J V E L A O Í
L N W Z G C Y O D A T A R T A
I O Z O R O P S S B B M Y W C
C R Y H E L I Q D E B E A C J
E O T A D I V U W U U N Q Y W
N C N W E A O I B R Z Q H T O
C O A I C N E T E P M O C O J
I E E P N H T O B K G Q H I S
A Z C M O P N S O F O R M A E
J L I R C I R R E G U L A R C
```

MAYO
QUESO
VELA
PRUEBA
FALLAR
CONCEDER
FORMA
CERO
MOSQUITOS
TRATADO

NAVEGAR
QUERÍA
SECO
CORONA
LOCAL
COMPETENCIA
AULA
DENOMINADOR
IRREGULAR
LICENCIA

Puzzle 35

```
O  D  I  T  R  E  V  K  E  K  D  T  D  W  R
P  G  E  Y  B  L  I  B  O  I  M  E  R  P  E
P  B  I  S  W  P  Q  H  S  I  T  P  A  C  S
Z  F  O  O  C  M  P  L  N  W  A  H  G  Y  P
Z  M  B  F  Y  U  V  J  A  T  R  T  Ó  A  E
C  R  I  M  E  N  B  A  G  F  B  P  N  S  T
E  X  C  E  P  T  O  R  L  O  E  U  X  I  O
C  A  L  C  E  T  Í  N  I  T  C  Y  T  G  C
E  S  T  A  N  C  I  A  B  R  U  J  D  N  W
J  U  G  U  E  T  Ó  N  Q  O  J  R  Q  A  P
O  R  D  E  N  A  D  O  I  D  D  O  A  R  I
C  R  U  Z  A  D  A  A  U  N  J  P  O  B  D
S  I  G  N  I  F  I  C  A  Ó  P  P  H  R  R
O  B  V  I  O  U  Y  P  O  C  Z  N  E  H  Q
```

PREMIO	CEBRA
CÓNDOR	ORDENADO
DESCUBRIR	DRAGÓN
EXCEPTO	OBVIO
CRIMEN	SIGNIFICA
CRUZADA	RESPETO
ASIGNAR	VERTIDO
GANSO	JUGUETÓN
ESTANCIA	ALTURA
CINTA	CALCETÍN

Puzzle 36

```
G U A R D A D O I D V H W U D
C O M E R C I A L I T Q B S E
R E T R O C E S O S W B N U T
W F S I S I R C V T V B Ó F E
C R E A R G H J N R P A I Y R
I I N E T N E M L A U T C A M
M U C H O O V C A E D N I T I
C A E R S R I Ó R R C E T O N
T Z V V Q A V M E J P R E M A
P S Y H D R O O D Q Z A P R R
J I R A F A S D E A T U E F T
G A G U A X S O F Z S C R X Z
C U I D A D O S A M E N T E O
D E C L A R A C I Ó N G P W J
```

DISTRAER
CRISIS
FEDERAL
DETERMINAR
CUIDADOSAMENTE
VIVO
GUARDADO
DECLARACIÓN
CREAR
CAER

CUARENTA
AGUA
MUCHO
COMERCIAL
REPETICIÓN
IGNORAR
JIRAFAS
ACTUALMENTE
RETROCESO
CÓMODO

Puzzle 37

```
O N E A Í B A S G C Z W P L K
A V X M N T U H A E D I O R I
D Z K E B C T U N U L C S T N
M Y D N G F A L E R T A I E T
M L Y A T R O C D R I M T M E
I I O Z O E R W A I K Y I P R
D H T A V I S A C E S S V R E
A N I L L O A O C U R T A A S
J V Y L O L D R R L T J M N A
Q W J N P A O E H O U U P A N
L C V D Z G P T E V R J V S T
J G K J V E T L H V T T O L E
N V R N M R A O N A T U R A L
X Y A R L F R S O C U P A R E
```

CADENA
ALERTA
ANILLO
OCUPAR
SABÍA
TRUCO
IDEA
SOLTERO
CORTA
TEMPRANAS

ADOPTAR
POLVO
INTERESANTE
CASI
NATURAL
TESORO
POSITIVA
AMENAZA
REGALO
LUJO

Puzzle 38

```
H G L N P U P T B U C E O L U
O O E E D W A R A Z N E M O C
G B P S X Y T D S M U T G S E
A I L Y H O I I O J B I L N S
R E S A Ñ I N V N S O I J E T
O R I P S C A I I M D O É B A
F N S R S I J S D V S N V N N
E O E E S F E I O G X O R N Q
R H T N W I T Ó O A E C M K U
T L F D M D I N B E D H G S E
A F V A Z E R I T M O E K J L
D H Á B I T A T D Í A V F Y B
C O N S E C U T I V O K Z F B
P M A R I Q U I T A W B P U D
```

NOCHE
PATINAJE
EDIFICIO
OFERTA
TESIS
CONSECUTIVO
DIVISIÓN
MARIQUITA
NIÑAS
TAMBIÉN

APRENDA
ESTANQUE
DÍA
HOGAR
GOBIERNO
BUCEO
COMENZAR
SONIDO
HÁBITAT
RITMO

Puzzle 39

```
A B R A Z A D O T M U S E O E
A E L L A D R E U C E R K G N
K B D E S C U I D A D O P E T
O C I M Ó N O C E O K U B U R
Q E J E T N I E V H Z C W L E
I T H S R A B U R R I D O V N
C O B R E T L E J O S X T P A
Y N U S L N O F U R I O S O D
A M O R O S O J H O V O I S O
A Q E G H Z V W A L Y Z L E R
P V R R Y B S D J B Z H P I L
E M X A V W Y G U U A P Q G J
X O I N X K U V T Z C R V V Q
O B S E R V A R T J X W T H D
```

COBRE
ABIERTO
ECONÓMICO
OBSERVAR
VEINTE
ENTRENADOR
RECUERDA
LISTO
LEJOS
DESCUIDADO

GRAN
ELLA
ABRAZADO
FURIOSO
LUEGO
AMOROSO
LORO
MUSEO
ABURRIDO
TRABAJO

Puzzle 40

```
N W M S A R R E G L A R Q M Z
A X B Á O I D O J O I M U A B
D V F Y S B X M A K F O U D B
D O N Ó I S U L C N O C L U A
Z W C L V S C E R N X L M R M
V R C T A Í F A R G O E G O I
F A I P O R E N E T N A M D G
H T P O Q R U U V F N S I I O
P S Z C R M E T N A S I U G O
B E L L A C A R E C E R C T P
Q L J Q J H I N P J C K V E C
H O R A S P K M L O N U F J B
E M P L E A D O S G E O K Ó V
C A L C E T I N E S J Y C N Y
```

CRECER	MOLESTAR
AMIGO	OJO
ARREGLAR	MÁS
AVISO	CONCLUSIÓN
DOCTOR	HORAS
GEOGRAFÍA	MANTENER
TEJÓN	CALLE
EMPLEADOS	MADURO
CONJETURA	ODIO
CALCETINES	GUISANTE

Puzzle 41

```
M F P A R T Í C U L A I D P M
Z D I O S L Z H O R E N E E A
X I R E B R O S B A L S S R Y
J S L F S U H E D R I T P M O
P O N E R T T Q X A M A E I R
C Y J Z F T A G O L I N R T Í
A E H C K J D H N C N T D I A
R N H B T P A D W A A Á I R X
P D A L T O D E C P R N C Q B
A O X U P O I D D G E E I J Y
P U P I L A L N V I B O A C R
Z W N C S W A O M I T C R R T
H W P D C X E D J B N A D P A
O J F B C A R A C O L Y R A K
```

ABSORBER
CARACOL
FIESTA
PARTÍCULA
DONDE
ACLARAR
REALIDAD
PONER
GOL
MAYORÍA

YENDO
EDITAR
ALTO
INSTANTÁNEO
PUPILA
DESPERDICIAR
PERMITIR
FELIZ
CARPA
ELIMINAR

Puzzle 42

```
C F C O N T I N U A R X C Y D
D O R S A N I M A T I V A M J
R D C A A N C H O H G U D B O
O R C I I A C A R A U D A K Z
C E O R E L M O L H A M S I M
A C N E L N E B S A L U O U X
M J E S T Ó T C E N T R E N F
P F X P L I Z E I D R O G A S
A O I U K C I M T L A E H N H
Ñ P Ó E A C L Z I I L Z Q N T
A O N S E E W F R C I O X P T
Y A N T J L J P A T A M B O R
D V P A E O P R O T E G E R C
K D D N L C Q U E R I D O L T
```

ENTRE
FRAILECILLO
IGUAL
CONEXIÓN
TIRA
CAMPAÑA
RESPUESTA
ANCHO
VITAMINAS
CADA

CARA
MISMA
CONTINUAR
DROGAS
CERDO
COCIENTE
TAMBOR
PROTEGER
QUERIDO
COLECCIÓN

Puzzle 43

```
D P P C O C D J N Q A H K C I
U A E I M G F A D N A M E D M
L G W B E G C B K Q I F M O A
C A F F C Z Y Ó J T G T G U G
E R Y U H D A N I T Z L H D I
S G W E J E Í C P O B R E S N
M Z K R D J C R F L U Y E W A
A O P Z W A I C N U Y L R R R
N R R A E N L J Y C R B I E N
S R H A Y D O O I Í G I R C M
B A J C L O P M U T Y G C D Y
P E R E J I L H P R J T J A L
S Á B A D O R O D A R E M U N
B U F A N D A T N E V F F B Z
```

DEMANDA   ARROZ
FUERZA   SÁBADO
BIEN   PEREJIL
MORAL   PIEZA
IMAGINAR   NUMERADOR
DULCES   ARTÍCULO
DEJANDO   BUFANDA
JABÓN   POLICÍA
RICA   PAGAR
VENTA   POBRES

Puzzle 44

```
P E T N A R U A T S E R B J G
K E F R S I M P L E O E I V J
A P A M I L C B M B S S A I X
U I D E M Á V A C A C P S O W
G E O A A S N I G J U L C L T
Y D B B C M O G A Z R A E E C
S R H S S O H C U M O N N T O
A A O N S H M N R L L D D A M
R F J Q Ú M H U I T O O E S P
U H E L B A I F N O C R R Y L
N X F C O Y A S E G U R A N E
A I A R T X E U L U K I O N T
L L B P U O C Q H J T Q M F O
L U R C A G O T A V Y O L E T
```

TRIÁNGULO	ASEGURAN
PIEDRA	CONFIABLE
RESTAURANTE	CLIMA
VIOLETAS	RESPLANDOR
BODA	AUTOBÚS
MUCHOS	LLANURAS
AFECTO	ASCENDER
CAMISA	COMPLETO
GOTA	JUGO
OSCURO	SIMPLE

Puzzle 45

```
E  Z  B  X  Z  U  L  D  R  N  T  P  A  X  C
S  L  W  S  Z  D  A  O  W  U  F  R  R  Q  A
N  O  G  Q  S  F  N  T  U  T  Á  E  T  Z  N
F  D  V  I  R  X  O  S  S  R  C  P  I  K  D
T  O  S  F  F  V  I  E  I  I  I  E  S  V  I
C  Í  J  J  F  G  C  C  F  A  L  N  T  U  D
A  R  P  A  S  O  A  N  S  H  L  T  A  O  A
C  E  E  Z  Z  Y  N  O  Q  O  F  I  S  Z  T
T  P  A  C  G  B  Y  L  F  B  B  N  S  I  O
O  O  U  G  I  T  N  A  I  B  R  O  V  A  F
R  N  Z  T  Q  Ó  N  B  E  U  B  G  L  E  A
K  N  I  N  D  I  V  I  D  U  A  L  L  G  N
I  N  S  P  E  C  C  I  O  N  A  R  O  Q  V
D  E  B  E  R  A  R  O  J  E  M  J  S  H  F
```

CRECIÓ
NACIONAL
FÁCIL
REPENTINO
FAVOR
INDIVIDUAL
PASO
LISTA
ARTISTAS
NUTRIA

CANDIDATO
DEBER
PERÍODO
ACTO
MEJORAR
LUZ
GLOBOS
ANTIGUO
INSPECCIONAR
BALONCESTO

Puzzle 46

```
U O S Y C S A T N A L P T G P
O Q A O Q U F X U K O W T E I
A I V Y R G I J O G T H N N L
N N U G U P T D L I E I Ó E O
I V L I N Ó R R A M T V I R T
C U C H A R A E T D L O C A O
S T K G I B N F N V O V I L D
I C U Y S Z Y Í E D Ó S S M E
P I A P J X S S D D I V O E L
N N L R U H A I I I D D P N A
E E Z K M G U C C U U E O T N
W E Y Y H A C O C Z C Y S E T
L I E B R E E X O I A B L L A
S H B L L E N A R T S K T M L
```

MARRÓN
SACUDIÓ
PISCINA
FÍSICO
CUIDADOSO
LLENAR
SAUCE
CUCHARA
GENERALMENTE
OCCIDENTAL

CINE
PLANTA
POSICIÓN
DELANTAL
LOTE
LIEBRE
ARMA
SORPRENDIDO
PILOTO
UVAS

Puzzle 47

```
G D R R E S E R V A R B M A N
B D E A M O M I A C O L F C U
A S L R D C A N S A D O V T T
O Ñ A S E N O L A T N A P I R
D M C T K S F S P R Ó D A T I
A S I B L Y T G L J R Q Z U E
R J Ó B Z A C O U D U A Ú D N
I K N D R U F D C L H B C A T
M C O M P R A A S X L E A G E
L V N Z P A R N I J W J R G S
O D R P R R C E D I X A X Z Q
U Z N Z Z I U V W B B B J H H
K R X N Y G Q R G N V K Y L V
M O M N D Y V M L I O Z V V I
```

RESTO
MOMIA
FALTA
DISCULPA
VENADO
RESERVAR
HURÓN
DAR
AÑO
RELACIÓN

MIRADO
COMPRA
PANTALONES
AZÚCAR
LOCA
ACTITUD
GIRAR
CANSADO
ABEJA
NUTRIENTES

Puzzle 48

```
R N F A Q O V K D A H D H R K
J T U U Q B E Y K D O E J E P
C C O D S I N U C E N S C C T
V R M B O K E V Ó L O T E O A
A A T S E Y N S C A R R E N U
D T Q E X D O A T N A U S O T
M P T U N C E I E T B I P C O
I E O Q E R U C L E L R E E M
T C R O Q R Q I E B E Q R R Á
I R D L P Y O T L R M X A Q T
R E E B T X H O L J E O N W I
B T N V I O C N E O N I Z R C
J N R I S I B L E K T Y A W O
B I C A S T I G A R E A H C R
```

NOTICIAS
CASTIGAR
ADMITIR
RECONOCER
HONORABLEMENTE
DESTRUIR
RISIBLE
CÓCTEL
VENENO
VAQUERO

INTERCEPTAR
ORDEN
ESPERANZA
BLOQUES
NUDO
VIO
OBEDECER
AUTOMÁTICO
CHOQUE
ADELANTE

Puzzle 49

```
G  P  F  F  E  S  U  F  S  H  D  R  R  B  B
A  R  L  A  T  N  E  M  E  L  E  V  I  A  Q
R  E  H  N  R  V  W  J  D  R  Q  T  M  Q  U
Z  G  A  G  O  N  P  U  S  T  M  V  A  W  Q
A  U  C  O  P  S  G  E  B  R  I  L  L  A  R
H  N  E  S  S  E  D  Z  F  L  U  I  D  O  Z
A  T  R  O  N  C  S  R  E  S  I  S  T  I  R
Z  A  F  L  A  E  Á  O  T  I  B  Á  H  V  S
A  R  O  P  R  G  M  C  U  C  H  I  L  L  O
Ñ  Y  V  M  T  C  E  J  Z  E  M  C  Z  O  I
A  O  R  E  D  A  D  R  E  V  Y  K  O  R  I
C  S  C  J  B  L  A  G  L  G  A  I  U  S  R
B  O  Q  E  E  M  E  R  G  E  N  C  I  A  A
R  H  Y  B  M  R  Y  K  G  T  P  A  W  I  I
```

EJEMPLO
CUCHILLO
HACER
PREGUNTAR
EMERGENCIA
GARZA
ADEMÁS
FLUIDO
HAZAÑA
VERDADERO

RIMA
PESO
HÁBITO
TRANSPORTE
BRILLAR
ELEMENTAL
COSA
RESISTIR
JUEZ
FANGOSO

Puzzle 50

```
I  R  D  A  M  I  G  O  S  D  Q  C  C  D  C
E  E  E  E  G  L  I  N  Ó  I  V  A  U  E  O
U  I  R  L  F  R  U  W  G  E  A  R  L  S  M
D  O  O  U  A  I  L  H  O  N  Q  A  T  E  P
X  Q  S  V  Z  J  N  H  F  T  C  C  U  S  A
H  E  I  R  I  G  A  I  R  E  J  T  R  P  R
H  U  M  E  D  A  D  R  R  S  K  E  A  E  T
P  O  R  A  P  S  I  D  S  O  P  R  L  R  I
V  M  E  O  D  A  D  E  R  E  H  Í  E  A  R
S  N  P  D  I  S  T  A  N  T  E  S  S  D  Y
T  E  R  R  I  B  L  E  É  R  P  T  L  O  A
C  U  A  D  E  R  N  O  I  S  A  I  Z  T  M
E  S  F  U  E  R  Z  O  U  V  J  C  X  S  T
P  I  C  O  T  E  A  R  Q  O  J  A  G  D  C
```

CARACTERÍSTICA
DEFINIR
PERMISO
QUIÉN
AVIÓN
RELAJARSE
CUADERNO
DESESPERADO
TERRIBLE
DIENTES

COMPARTIR
ESFUERZO
DISPARO
HEREDADO
DISTANTE
CULTURALES
HUMEDAD
AMIGOS
CARNE
PICOTEAR

Puzzle 51

```
L  J  R  D  F  A  C  S  E  T  N  A  G  I  G
L  A  T  I  D  O  K  H  F  Y  Ó  N  B  O  Y
M  I  N  O  R  Í  A  J  W  T  I  N  T  J  Q
R  A  D  A  N  O  C  I  F  Í  C  E  P  S  E
S  E  J  A  U  G  N  E  L  G  A  D  X  W  M
O  Y  Y  F  A  R  U  D  E  D  R  O  M  P  M
C  A  G  R  A  D  A  B  L  E  T  Y  E  D  U
I  H  N  Ó  I  C  A  V  R  E  S  B  O  I  Ñ
T  O  I  R  E  P  O  L  L  O  I  B  A  L  E
Í  T  O  M  S  I  L  C  I  C  N  P  E  N  C
R  Q  E  O  E  N  I  R  T  N  I  V  S  R  A
C  A  I  N  P  N  K  A  N  O  M  É  N  A  V
O  N  R  Y  I  H  E  J  E  L  D  Y  H  J  I
D  E  C  I  R  S  M  A  O  V  A  Y  A  E  S
```

LATIDO
OBSERVACIÓN
CRÍTICO
TENIS
MORDEDURA
MINORÍA
CICLISMO
GIGANTESCA
AGRADABLE
LABIO

REPOLLO
ADMINISTRACIÓN
DECIR
CHIMENEA
REY
TRINEO
MUÑECA
LENGUAJE
ANÉMONA
ESPECÍFICO

Puzzle 52

```
H  T  D  W  S  R  P  V  C  I  G  S  T  Y  J
Z  I  R  A  N  E  C  L  H  J  Y  E  I  Q  E
A  O  A  C  A  C  O  T  A  O  I  Ñ  E  D  N
U  N  M  L  K  O  R  T  D  N  O  O  R  X  T
T  A  Á  C  O  M  T  R  I  C  T  R  R  A  R
O  S  T  E  D  E  É  Z  L  X  N  A  A  L  E
P  U  I  R  A  N  S  G  C  A  U  J  S  C  N
I  G  C  E  R  D  R  C  M  R  J  P  A  A  A
S  U  A  G  U  A  D  A  V  I  R  P  Ñ  N  M
T  K  C  A  S  R  U  O  E  R  O  B  A  Z  I
A  K  A  L  E  Y  F  F  W  E  L  W  T  A  E
L  Z  D  O  R  V  T  A  M  G  F  A  N  R  N
E  G  N  S  P  L  B  G  Y  U  G  C  O  L  T
D  I  S  T  A  N  C  I  A  S  V  O  M  R  O
```

FLOR
SEÑOR
GUSANO
PLANTAS
RECOMENDAR
SUGERIR
CORTÉS
REGALOS
ENTRENAMIENTO
APRESURADO

AUTOPISTA
JUNTO
TIERRA
CACAO
PRIVADA
MONTAÑAS
ALCANZAR
DISTANCIA
NARIZ
DRAMÁTICA

Puzzle 53

```
G R A N E R O B O J U N Z T C
P R E F I E R E N X E X B R A
D E S A R R O L L O T J O A N
Q O G A S O L I N A N T P T G
I N S E R T E E S C E N A A R
O I V S E N T I D O I B A M E
F L Q A P P W O H E D C T I J
I U U P R I A B J T N R R E O
C C G S X I E P E S E Í A N P
I S X G O S E S Á D P T P T P
A A F P D I O D F S E I A O R
L M Z Z A T A Y A J D C R H L
N E D N E I T Z R D N A G L M
M Z B H S O T A D G I A T J T
```

DATOS
SITIO
ATRAPAR
GASOLINA
VARIEDAD
CRÍTICA
PREFIEREN
ESCENA
CANGREJO
INDEPENDIENTE

PAPÁ
PIES
OFICIAL
TIENDEN
GRANERO
TRATAMIENTO
MASCULINO
SENTIDO
DESARROLLO
INSERTE

Puzzle 54

```
I  V  K  O  P  M  M  S  Z  G  A  R  T  T  E
P  E  P  N  G  Y  R  D  A  Y  O  E  R  H  X
X  T  M  A  E  M  U  Y  C  K  D  E  A  W  P
C  U  E  R  P  O  L  L  E  G  A  R  N  G  A
Q  B  D  R  E  G  O  C  E  R  C  B  V  R  N
S  P  R  E  Á  N  G  E  L  A  I  I  Í  V  D
J  L  A  U  T  I  B  A  H  H  L  G  A  A  I
Y  G  T  G  X  L  O  P  F  O  P  N  T  L  R
A  M  B  I  C  I  Ó  N  E  R  M  E  B  O  K
V  E  Y  K  R  T  F  U  I  A  O  J  J  R  I
X  I  F  H  S  Ú  T  A  N  C  C  X  V  D  K
C  N  D  M  W  X  W  A  O  J  E  S  N  O  C
K  F  L  A  T  O  T  K  S  L  C  V  V  I  I
G  R  S  R  M  H  S  U  M  I  Q  E  G  J  S
```

JENGIBRE   CONSEJO
EXPANDIR   CUERPO
ÁNGEL   VALOR
VIDA   MUY
GUERRA   RECOGER
HABITUAL   COMPLICADO
ÚTIL   TRANVÍA
TARDE   AHORA
VECINO   TOTAL
LLEGAR   AMBICIÓN

Puzzle 55

```
S A F R O N T E R A B R O S I
E I C C X V T X C A S A D A M
C C M A I Y P G G S E S C M P
E N M I N E L U N E S N A E O
V E U K L P N U J Y R A C T R
H R E N V A D T E F I C H S T
Q E B K I T R R Í F N S O I A
N F L R K N A E M F U E R S C
U N E A Q E C G S M I D R I I
G O B T B U S R I M H C O K Ó
Q C E K Y C U E A B M A O X N
F M W I B M B M O P I N I Ó N
M O O V I T A E R C E R K H F
T D E M A S I A D O L S U C M
```

CONFERENCIA
RECREATIVO
SISTEMA
DEMASIADO
VECES
FRONTERA
DESCANSAR
UNIRSE
SIMILARES
OPINIÓN

CAN
CIENTÍFICO
MUEBLE
CACHORRO
CUENTA
CASADA
LUNES
IMPORTACIÓN
BUSCAR
EMERGER

Puzzle 56

```
G E L A T I N A E P P A G Q P
C A U T E L O S O L S I O X E
T E R R E S T R E A V O E F R
T C D H G S T D T T W Z B L S
G S C U Z Y J P N O R C J S E
M K I Y D E I R E S E D X U G
V I R U T A S U M X N K Y H U
C O N D U C I R A J E N A M I
E D G Á R B O L D I T S L Q R
M I E S R Z N Ó I C N E T N I
C P P O E E S O P E O D A R P
L S Y H R I J Z Á V C L V T I
T E I D U Z R I R Z O C Z O U
H D M S D C U B R I R X S T J
```

RIESGO
RÁPIDAMENTE
CONDUCIR
SERIE
DUDE
PLATOS
GELATINA
CUBRIR
POSEE
PIEL

CONTENER
VIRUTAS
PRADO
CAUTELOSO
TERRESTRE
MANEJAR
PERSEGUIR
ÁRBOL
DESPIDO
INTENCIÓN

Puzzle 57

```
A  T  N  E  M  R  O  T  O  P  I  Z  B  H  A
M  P  A  F  P  C  T  M  T  R  I  V  R  E  H
R  Y  A  I  P  M  I  L  C  O  H  C  A  J  D
I  L  O  R  P  E  M  V  E  B  B  H  T  A  U
F  O  T  S  E  U  P  U  S  A  Q  A  L  V  M
C  M  W  O  R  C  H  N  I  B  P  Q  A  L  E
X  N  Ó  I  C  N  E  M  Y  L  U  U  S  A  S
L  M  P  R  J  I  C  R  B  E  E  E  E  S  C
W  Z  F  A  P  V  K  R  J  M  N  T  R  V  U
T  J  C  V  M  U  Z  N  J  E  T  A  O  D  C
C  U  A  L  Q  U  I  E  R  N  E  C  G  B  H
D  E  B  A  T  E  O  C  I  T  N  É  D  I  A
T  A  L  E  N  T  O  O  Ñ  E  U  S  E  G  R
A  D  V  E  R  T  E  N  C  I  A  P  E  J  R
```

ESCUCHAR	APARECER
MENCIÓN	FIRMA
SUEÑO	SALVAJE
HERVIR	TORMENTA
PROBABLEMENTE	PUENTE
DEBATE	VARIOS
RESALTAR	SUPUESTO
ADVERTENCIA	CUALQUIER
CHAQUETA	IDÉNTICO
TALENTO	LIMPIA

Puzzle 58

```
P E R I Ó D I C O N I P S B B
K U O T R O J D F O N A M U S
C D Q G J I Z O N W C R G M R
M C O M P R O B A D O E H L Y
O U P O T U V O S Q L C Z I S
X Y S A R B I L U C E E E R A
N C R A Ñ A B A C K I N L Q L
L O I V R V P N A A H F J V L
Z V B O D A D A D I P Ú T S E
X C I L G L Ñ L I S Z U O M R
T R C M E E R A R O L A V E T
I O E M J T W S L E C G R Z S
D S R Z N S M I S E R I A N E
K A Q D K E T N E R E F I D P
```

SUMA	DIFERENTE
NOBLE	ACUSAN
PARECEN	LOBO
RECIBIR	HIELO
CABAÑA	DADO
VALORAR	PERIÓDICO
MISERIA	MUSARAÑA
ESTÚPIDA	LIBRAS
COMPROBADO	ESTRELLA
LANA	ESTELA

Puzzle 59

```
F  B  K  G  W  A  R  T  H  I  W  H  D  L  C
E  S  T  A  C  I  Ó  N  Í  A  C  R  E  C  U
V  I  O  L  E  N  C  I  A  M  L  A  E  L  R
F  O  T  O  G  R  A  F  Í  A  I  C  O  F  V
P  Á  J  A  R  O  T  H  X  D  S  D  Ó  T  A
R  A  I  D  U  T  S  E  J  A  O  A  O  N  D
S  D  I  D  X  N  C  Y  O  Y  V  D  G  V  A
J  E  R  U  U  I  F  Z  L  U  S  I  R  Z  P
S  U  S  T  I  T  U  T  O  D  B  T  A  J  S
M  E  S  W  F  X  L  U  T  A  Q  N  C  J  E
T  R  A  I  G  E  T  A  R  T  S  E  I  J  H
C  A  M  P  A  N  I  L  L  A  S  D  A  Y  S
S  O  S  T  E  N  E  R  C  P  K  I  S  I  M
F  L  E  X  I  B  L  E  I  C  K  O  Z  M  S
```

CURVA   CERCA
SOSTENER   ESTUDIAR
ESTRATEGIA   VIOLENCIA
HALCÓN   ESPADA
CAMPANILLAS   FOTOGRAFÍA
EXTINTO   PÁJARO
IDENTIDAD   GRACIAS
ESTACIÓN   TÍMIDO
LEAL   SUSTITUTO
AYUDA   FLEXIBLE

Puzzle 60

```
F I J P E S P E R A D O W L A
S E U X W L N I O J T D L Á V
L D D Y V I B O U U R A V P E
K J S A M E F A H G X M D I N
P V T Z D A N I R A H E O Z T
L I N D A S C F F O O U H M U
P Í L D O R A S Q K V Q C R R
B B O D C D E N T R O A E E E
D K S G B U G V N N Z F F T R
D G Q R R O L F I L O C S R O
T A B L E R O P P P F Z I A T
F Ó R M U L A Y A R L B T T N
I D E N T I F I C A R T A O O
B E N E F I C I O Q U B S B T
```

FAVORABLE   RETRATO
DENTRO   IDENTIFICAR
AVENTURERO   BENEFICIO
ESPERADO   FÓRMULA
TABLERO   TONTO
LINDAS   COLIFLOR
PÍLDORA   SATISFECHO
QUEMADO   HARINA
EDAD   LÁPIZ
AGUJA   CULPA

Puzzle 61

```
P H E Y D O X A D R Q E E N F
M I N X R A P I C I T R A P O
É B E B C R I C U D O R P P L
G I H R L E R A I C O G E N C
A S R G N O P H I O W E D I L
L L C K Y A S C N V N U M Q O
L A D A T R E B I L W A W Y R
I H B J G G L M N Ó H R L Y E
N O I E U L V E V M N O O Y C
A Z T R S R A R E D I S N O C
P A G O B I B L I O T E C A S
M I N F E R I O R E S Q I S A
A L C E X S J I P A S I L L O
C S U E L T O C A M I N O E P
```

PRODUCIR
BEBÉ
SELVA
LIBERTAD
OPCIONAL
PASILLO
SUELTO
INFERIORES
BIBLIOTECA
ISLA

EXCEPCIÓN
CAMINO
OREJA
CONSIDERAR
NEGOCIAR
ALCE
PARTICIPAR
FOLCLORE
PIERNA
CAMPANILLA

Puzzle 62

```
D B V Y A S A I C N A N A G M
Q D N H S D E L L A T E D W M
M M F I E T I R T O U E S K A
D C K P R S P Ó P D E I N P R
A R R U P C D D S I A K W B C
D B C B R A E G A P E N J O A
I Q U T O R S X S Á N N F R D
D T L E S R K T O R A I T S O
O I M C L O I I C I R Q X E R
M R P E R A S U A C R V E N A
O A O R E R B M O S A V I V R
C R J C I I W S C R D G V X O
E S T A N T E R Í A O F D Y L
R E S P O N D E N K R P P J L
```

ADIÓS
SERPIENTE
TIRAR
SOMBRERO
NARRADOR
COSAS
RÁPIDO
VIVAS
COMODIDAD
ABUELA

ESTANTERÍA
GANANCIAS
SORPRESA
DETALLE
RESPONDEN
MARCADOR
LLORAR
VEN
CARRO
CAUSA

Puzzle 63

```
F Q Z P U I J S V K Z R Q S V
N W G E N V A Y Y I R C U I I
W N I P P O A M A C R N B E E
P E N S A M I E N T O T K T N
N T Ó C O N F E S I Ó N U E E
U R J H I E R R O R R O Z A K
E E A K H V E A N P Q U E D L
V U C C U A X H N T P O U A C
A S M G U L P J N I P K N M C
U X L T M C L G S U M D X A Y
T Í P I C A O G G C P A S L O
W G W E J I R E H L W I X L U
F R E C E N A M A Z M A H E P
K C V D N J R A N C E S T R O
```

VIRTUAL
VIENE
PENSAMIENTO
LLAMADA
ANCESTRO
AMANECER
ZORRO
CAMA
SUERTE
EXAMINAR

CONFESIÓN
CLAVE
TÍPICA
NUEZ
UVA
NUEVA
SIETE
EXPLORAR
CAJÓN
HIERRO

Puzzle 64

```
V E G B A R A N I F N O C M E
F O H I H Q B Q L K O C N Y N
O S E U R Z X Z H U C I T N R
Q O D U G A I T N U P T F G E
P R O K E W S Í A P F R Q M D
F G T Y X W O O C I F Á R G A
O I N W H M T W L Ú A B E A D
B L E J A N O S R E P L A T O
P E T L C A V I D A D U L A S
J P N H T N B B B O T E L L A
S R O Q B R G R A T I S K M G
G O C J W L O T R E P X E Q G
O R D I N A R I O X K J D A I
S I T U A C I Ó N I X J P D U
```

BAÚL
CAVIDAD
CONFINAR
PUNTIAGUDO
SALUD
SITUACIÓN
FIELTRO
EXPERTO
PAÍS
BAR

CONTENTO
PERSONAJE
ÁRTICO
ENREDADO
BOTELLA
GRATIS
ORDINARIO
PELIGROSO
GRÁFICO
GIRASOL

Puzzle 65

```
C A L C U L A R Z U O X G C R
F D R P C N A T P E C A U D W
E I L E R U H N L E G Z I I U
S B N L T O A P Q S Z J S S D
R U P E M I G Z R W W B A C B
A S R A I R R R E H E S N U A
C Z B B R V O A E X P A T S N
R F B E N G D Y R S U R E I D
E X P O R T A R C S O E S Ó E
C N F B J B D F U N E L T N R
A N S D A O L A M I N A U T A
P M R A T N O C C P E C B R P
O J Z X V V S O U X I S O N Z
Y T X C N E T N E I C E R M Z
```

PROGRESO
CONTAR
ANIMAL
ACERCARSE
DISCUSIÓN
BANDERA
ESCALERAS
CREER
TUBO
CON

RECIENTE
EXPORTAR
ACEPTAN
CIEN
RETIRARSE
PEZ
SOLDADO
GUISANTES
CALCULAR
SUBIDA

Puzzle 66

```
I  T  R  A  N  S  F  E  R  I  R  E  Y  I  C
N  V  Y  S  P  C  J  G  P  A  R  Q  U  E  A
V  S  I  C  O  N  O  C  I  D  O  S  C  I  F
I  P  U  S  O  R  T  O  G  R  A  F  Í  A  É
E  E  Q  R  T  P  C  E  S  A  C  Y  C  Q  L
R  O  C  H  E  A  S  W  O  D  R  A  O  R  M
N  R  R  Q  W  Ñ  N  G  C  A  E  P  M  M  P
O  T  S  U  G  S  O  I  I  N  C  L  E  G  F
H  N  Z  N  B  X  G  P  E  R  A  I  S  P  P
E  C  S  Y  I  B  K  N  D  R  H  C  T  J  H
R  A  R  A  L  C  E  D  A  H  L  A  I  C  Q
I  L  B  Y  F  D  U  D  D  J  B  R  B  L  B
R  I  N  C  L  I  N  A  C  I  Ó  N  L  C  Q
W  T  A  R  G  U  M  E  N  T  A  N  E  E  N
```

INCLINACIÓN	ORTOGRAFÍA
HERIR	APLICAR
COMESTIBLE	SUREÑO
CONOCIDO	NADAR
DECLARAR	INVIERNO
VISTA	ARGUMENTAN
GUSTO	SOCIEDAD
ACERCA	TRANSFERIR
PEOR	PARQUE
CAFÉ	REINA

Puzzle 67

```
R E A L M E N T E U A N X L I
J E K Q C D U J B H N M C I Y
C Q V A S O Z A R B Ó V W O H
T D E C I D I R P U L G A D A
S R A Y U D A R W G L B Ñ I C
G U A P L E C N I P I O E U E
D R S E C J A I U A S L U L L
G U I T R S V T N O Q S Q C E
P E V S A S J C S W L A E N B
U D N Y E N Ó I C N A C P I R
E D E R Q S T O C T A I G U Ó
T O R T U G A I I U D G P S P
U I N M A D X T V O T S H F U
W O S O L L U G R O Ñ A M A T
```

TORTUGA   PEQUEÑA
ORGULLOSO   SILLÓN
VACA   CELEBRÓ
BOLSA   GRISES
VASO   DECIDIR
PINCEL   SUSTANTIVO
REALMENTE   PULGADA
BRAZO   CANCIÓN
AYUDAR   TAMAÑO
INCLUIDO   TRAER

Puzzle 68

```
R W L Q I G D V O Y G Y S S M
E O N C E G R O S E L L A E A
X Y T Z T B C C O X T M R N U
T D D A N U P U D Q R H Z T N
R R W L E P U T I K R Q F A S
A C A I M A Y I L D H J U D X
N I U S A R E J I T A A G A C
J Z Y E N Ó I S I M   D A N G
E O D L R E A A Y I B P O Q R
R L T I E Z P Q Q K A E G Q U
O V L M I H B K J T J F V C Ñ
A I R A T E R C E S O J I A I
G D M A N T E Q U I L L A J D
U Ó I P M O R A J U B I D A O
```

PENSAR	MISIÓN
SENTADA	MANTEQUILLA
FUGA	CAJA
GRUÑIDO	ROTA
ROMPIÓ	DOS
CUIDADO	TIERNAMENTE
MILES	DIBUJAR
BAJO	TIJERAS
EXTRANJERO	OLVIDÓ
GROSELLA	SECRETARIA

Puzzle 69

```
I  H  O  R  N  E  A  R  L  Z  Z  M  Q  I  M
R  Q  E  S  P  E  C  I  A  L  S  C  M  N  A
A  P  O  R  R  A  D  R  A  U  G  C  G  T  L
N  A  D  I  N  E  V  N  E  I  B  Y  E  R  A
I  Z  L  M  U  E  K  A  L  N  J  O  N  O  G
B  F  P  U  W  U  U  Q  X  U  E  D  T  D  R
O  V  H  S  U  D  J  H  K  D  P  T  E  U  E
B  X  J  E  M  I  E  M  B  R  O  R  T  C  S
E  H  I  R  C  N  I  Ñ  O  W  T  E  E  I  I
R  D  U  U  J  H  M  I  T  O  N  E  S  R  V
M  I  N  U  T  O  O  D  I  N  E  R  O  S  O
H  D  D  W  C  E  S  O  L  R  A  T  X  Z  R
S  U  M  I  N  I  S  T  R  O  S  I  U  P  E
I  M  P  R  O  P  I  O  J  B  U  D  B  S  U
```

GENTE
MINUTO
AGRESIVO
REBOBINAR
TENER
SUMINISTROS
MIEMBRO
BIENVENIDA
ESPECIAL
DINERO

RESUMIR
GUARDARROPA
MAL
NIÑO
SOL
HORNEAR
INTRODUCIR
IMPROPIO
MITONES
HECHO

Puzzle 70

```
E  N  N  Y  K  R  X  P  G  V  M  L  S  E
X  X  E  U  G  A  L  O  P  E  C  P  L  E  O
K  E  U  M  Z  K  J  T  Z  Z  L  A  A  N  T
Q  F  D  E  U  G  P  Y  W  X  E  V  M  S  E
E  O  O  R  A  L  C  D  P  G  F  M  A  A  S
R  E  R  O  N  R  O  T  S  A  R  T  D  C  P
E  W  F  S  U  P  O  V  Q  N  E  V  O  I  A
U  Z  K  O  S  L  A  F  G  I  X  R  V  Ó  C
F  Q  Q  S  S  E  Ñ  A  L  T  J  C  A  N  I
R  T  A  B  U  R  E  T  E  R  X  A  Í  T  O
Í  N  E  G  O  C  I  O  I  O  Y  U  R  G  S
O  T  N  U  J  N  O  C  K  C  O  C  O  Z  F
C  O  N  C  E  N  T  R  A  D  O  H  E  V  U
M  A  N  T  I  E  N  E  N  D  O  O  T  M  I
```

TABURETE	CONJUNTO
SEÑAL	TAREA
MANTIENEN	CORTINA
FALSO	CONCENTRADO
FRÍO	TRASTORNO
ESPACIO	CLARO
NEGOCIO	VOLUMEN
LLAMADO	NUMEROSOS
GALOPE	CAUCHO
TEORÍA	SENSACIÓN

Puzzle 71

```
I  I  N  V  O  L  U  C  R  A  R  I  U  N  R
E  N  O  C  I  T  P  Í  L  E  Í  U  Q  S  E
L  S  T  C  O  N  T  R  I  B  U  I  R  X  I
E  E  N  E  L  I  X  N  L  X  E  R  Q  D  N
C  A  E  C  R  H  I  O  V  L  L  E  G  Ó  A
C  E  M  U  R  A  T  U  R  F  P  A  L  O  D
I  L  O  E  Y  R  C  I  A  T  Z  F  F  Q  O
Ó  H  M  R  O  E  S  C  C  T  A  T  W  S  N
N  H  G  V  Q  U  S  G  I  L  E  R  Y  K  P
B  K  A  O  F  F  N  G  D  Ó  Í  K  I  E  E
S  O  C  I  A  L  E  S  E  C  N  N  B  F  T
B  O  T  E  L  L  A  S  D  P  F  F  E  C  A
C  O  M  B  I  N  A  C  I  Ó  N  H  G  A  X
F  G  O  L  P  E  K  Y  U  K  M  A  B  Y  D
```

FUERA	PALO
ELECCIÓN	BOTELLAS
INVOLUCRAR	CUERVO
ELÍPTICO	GOLPE
ESQUÍ	LLEGÓ
CONTRIBUIR	TARIFA
COMBINACIÓN	SOCIALES
LÍNEA	REINADO
INTERACCIÓN	FRUTA
DEDICAR	MOMENTO

Puzzle 72

```
S  E  N  T  I  M  I  E  N  T  O  H  P  A  T
O  Q  Á  B  V  S  O  L  P  L  C  O  L  D  R
D  G  C  T  I  E  N  O  C  A  I  R  A  U  Á
A  Y  A  C  I  T  C  Á  R  P  R  E  T  L  G
C  Q  R  K  N  P  R  S  A  A  U  F  E  T  I
I  A  U  R  Q  X  M  A  K  S  E  R  A  O  C
L  E  H  U  G  X  B  H  Í  T  L  A  D  C  O
E  V  I  D  E  N  C  I  A  D  A  C  A  A  K
D  G  G  A  F  S  N  U  C  I  O  T  S  N  T
O  V  I  T  N  I  T  S  I  D  C  U  O  G  Í
L  E  E  R  D  J  Z  E  N  R  G  R  R  U  T
O  F  Z  N  E  K  P  T  C  Y  I  A  H  R  U
Y  L  I  U  B  V  D  Q  É  P  U  C  Q  O  L
L  F  D  G  E  P  N  A  T  E  M  O  C  I  O
```

TÉCNICA	TRÁGICO
PRÁCTICA	TÍTULO
DELICADO	ADULTO
DISTINTIVO	CUPÉ
FRACTURA	SENTIMIENTO
HURACÁN	PLATEADA
ROSA	CIRUELA
CANGURO	EVIDENCIA
LEER	TRAÍDO
COMETA	DEBE

Puzzle 73

```
V P V M O V I M I E N T O F V
F Ú A S O D E S C O R T E R J
U R P Y E P R A C I T Í L O P
N P O D O F N A O K J T O L P
C U R E L L Ó E M I A T H L R
I R A S O C I O P W P V O E Ó
Ó A T H D L C X A I E N C B X
N X C D A W A D S T D A W A I
R T É I T A C W I P N J Z C M
T R N U I N O C Ó K E E A U O
T R B X C V V C N X I V H F L
W V Q T X R O E A R T A C C D
G W W K E C R L I L N U J N O
Y A B F A E P A C S E S X U L
```

OCHENTA	SEDOSA
ENTIENDE	SOCIO
MOVIMIENTO	COMPASIÓN
PRÓXIMO	VAPOR
ESCAPE	CABELLO
KIWI	FUNCIÓN
SUAVE	PROVOCACIÓN
CORTE	POLÍTICA
PÚRPURA	AZUL
EXCITADO	NÉCTAR

Puzzle 74

```
C I Z M U E N A R A N J A I D
O N R É C A S T A Ñ A S D X E
D T E T N E G I L E T N I H S
O E N O D T A Í G R E N E R T
R R O D Z I O Í R B A G D R R
N R P O I N S A F U K Z E A U
I U S F V A L P L V R Y Ó T C
Z M O J G F K F O L C S F N C
U P P H A H C U M N A W E E I
V I I B M N O A Z W I K Q T Ó
W R T T O M E N U D O B I N N
A L L I R A M A W Q E F L I O
Z N S A B E R K U Q C G T E Y
A C T U A L I Z A C I Ó N O Y
```

SABER
POSPONER
INTENTAR
INTERRUMPIR
DESTRUCCIÓN
RAZÓN
CASTAÑAS
ENERGÍA
CODORNIZ
NARANJA

AMARILLA
MUCHA
AMOR
DISPONIBLE
RÍO
ACTUALIZACIÓN
MÉTODO
TOALLA
INTELIGENTE
MENUDO

Puzzle 75

```
P U L G A D A S G J A K Y M J
S K V M D J E Z X K B F C E X
O R Z G Z A H E V P A K O N O
B L U S A X O O S O L E N O L
N D W T E A T R O L A S V R W
Ó Q C T K R N B R E N C E F L
I C K V H U E M A U Z A N O R
C N M H H T M O J B A S C L D
A Z S S Y L A H Á A Á O E Y G
U J C P T U N C P Z M S R H P
L L I V I C L E C H O A I R F
A H D G H R M N J G W V B C E
V S T N O D A I C A V J I L O
E N Ó I N U E R D D T M L Y E
```

AMABLE
AMENTO
REUNIÓN
CULTURA
ESCASO
ABALANZA
LECHO
ABUELO
EVALUACIÓN
PULGADAS

PÁJAROS
HOMBRO
TEATRO
MENOR
CONVENCER
CIVIL
VACIADO
BÁSICO
INSPIRAR
BLUSA

Puzzle 76

```
P Y S J P Ú T T E X Q P H C M
R A E F O I L Q J D V E A A O
E C X R L N P T G Q L R B M N
L E T A I T G R I B F D L I T
A R O O L E R R O M Y E A N A
C O V O L N I V S P O R N A Ñ
I M Z O A T T O U Y I P D N A
O A R Z D E A V Y N N E O D J
N R O G N A R N U M C R D O Q
A I T W H N Z C A N T A R A E
R D M A I A D E C U A D O M D
S O M P X A O E P X M Y C A L
E T N E S E R P R M T M V Í W
E N T R E T E N E R E I C Z X
```

MAÍZ

PRESENTE

CAMINANDO

MARIDO

RANGO

SEXTO

ACERO

ÚLTIMO

RELACIONARSE

PERDER

HABLANDO

GRITAR

EMPEZADO

CANTAR

PROPIEDAD

POLILLA

MONTAÑA

ENTRETENER

ADECUADO

INTENTE

Puzzle 77

```
P E Z U Ñ A W V Z E B U N B P
C O C O D R I L O T L Q C K R
Y R J P U E R T A N J C V M I
D A D E M R E F N E Z X D G N
U Z C C S K A N C I W A Z H C
C I C L O Q V V A L M T X B I
R N M U J O I C I C R E J E P
Z A G D I S H L L R R L K Q A
R G J I H O G A T B P C B O L
V R M Z Z L X S J T C I B D Z
G O K M L I K E J M T C P R O
A N I V E R S A R I O I J M T
P R E C I S I Ó N E T B Q G G
P P I E R N A S H E R M A N O
```

ORGANIZAR

HERMANO

COCODRILO

CICLO

ENFERMEDAD

PIERNAS

PRIVAR

ANIVERSARIO

PEZUÑA

EJERCICIO

CLASE

OSO

CLIENTE

NUBE

PUERTA

PRINCIPAL

HIJOS

PRECISIÓN

BICICLETA

DULCE

Puzzle 78

```
S A A T I R A G R A M J E Q M
A L R N O U D R O I R E T N A
L T E R S A M E L B O R P K Ñ
T E I E Y I F J Z C Z Y J Y A
Ó R U S D Z O A V E I B O U N
B N Q U W Z D S R T N O Y P A
Z A L L H U I N O N A M I D A
K T A T A J D E H E R I W V Q
J I U A Q F R M Ó I G O C E R
W V C D I S E D E L G A D O U
M A F O K H P X V A N I Ñ O S
M E S C O N D E R C B N G R P
M O T O C I C L E T A S P M J
X P B O C Z Q B E B E R V D Z
```

PROBLEMAS   CALIENTE
PERDIDO   ESCONDER
RESULTADO   CUALQUIERA
ANSIOSO   ANTERIOR
SALTÓ   MENSAJE
BEBER   RECOGIÓ
NIÑOS   GRANIZO
APOYO   ALTERNATIVA
DELGADO   MOTOCICLETA
MAÑANA   MARGARITA

Puzzle 79

```
S I L L A R M Y W Z C M M T X
O Q A W N E M A X E O O V A C
N Q N B Q S L R R H N T N G Z
O X O N O I B I I I S I E G G
L A I Ó D D N L R E I V C P M
O F C T N E P P R R G A A R E
C V I N E N W R Q B U C J E D
X E D E I T S F O A I I E S I
D R A S B E J H S G Ó Ó R T C
T A R W I R G A O X R N D A I
U N T G C Y E P T K N A A D N
O O Z P E K U T S Q E P M O A
E X T E R N O O O Q K V O A I
O B J E T O P K C N M Y C P B
```

SENTÓ
RESIDENTE
RECIBIENDO
OBJETO
PROGRAMA
CONSIGUIÓ
EXTERNO
EXAMEN
PRESTADO
MEDICINA

VERANO
COMADREJA
TRADICIONAL
MOTIVACIÓN
APTO
COLONOS
COSTOSO
SILLA
FIEBRE
HIERBA

Puzzle 80

```
F  I  N  D  E  P  E  N  D  E  N  C  I  A  C
Z  A  P  E  R  T  E  N  E  C  E  R  S  I  O
Q  S  M  L  A  Q  O  G  R  A  D  O  E  Z  B
O  X  D  O  M  O  C  N  E  U  C  D  G  J  A
F  P  Y  D  S  S  O  N  R  I  S  A  U  V  R
O  M  V  N  D  O  L  L  A  G  J  D  R  R  D
M  P  F  U  M  J  T  K  N  Y  A  I  I  W  E
C  W  T  G  K  W  K  P  A  W  O  T  D  H  A
A  É  S  E  X  N  S  R  G  E  G  N  A  R  Z
C  C  S  S  A  R  M  A  R  I  O  A  D  E  H
Q  Q  C  P  D  C  A  M  E  R  I  C  A  N  A
F  O  G  I  E  C  U  E  S  T  I  Ó  N  F  E
Y  C  Q  M  Ó  D  S  E  N  I  O  R  L  E  B
K  Y  Q  G  V  N  I  Z  L  A  D  O  S  P  B
```

SEGUNDO
GALLO
AMERICANA
GANAR
CANTIDAD
PERTENECER
ARMARIO
ACCIÓN
LADOS
SONRISA

CÉSPED
COBARDE
SEGURIDAD
CUENCO
GRADO
INDEPENDENCIA
FAMOSO
LOCO
CUESTIÓN
SENIOR

Puzzle 81

```
I  Y  A  D  A  N  A  M  O  J  R  P  S  D  T
V  K  F  W  E  T  N  A  T  S  E  U  I  U  R
C  O  M  P  A  R  A  R  V  C  R  E  L  R  A
D  L  D  E  N  L  Z  O  R  O  B  B  E  A  N
I  L  O  N  E  O  O  H  N  T  M  L  N  C  S
S  I  Z  C  L  Y  M  C  Y  X  O  O  C  I  P
M  S  S  O  E  A  P  B  A  W  H  Q  I  Ó  A
I  L  I  N  G  X  H  S  R  L  P  J  O  N  R
N  O  G  T  I  Z  P  Z  O  A  I  F  S  A  E
U  B  A  R  R  F  V  G  R  H  R  Z  O  Y  N
I  Z  C  A  W  M  X  P  M  V  J  K  A  V  T
R  J  N  R  A  R  J  B  Y  T  I  P  D  R  E
N  T  U  A  C  H  O  C  O  L  A  T  E  Y  S
S  Z  N  P  I  N  T  A  R  A  L  U  P  O  P
```

DISMINUIR   LOCALIZAR
POPULAR   COMPARAR
MANADA   HOMBRE
DURACIÓN   TRANSPARENTES
ENCONTRAR   ESTANTE
PUEBLO   RED
SILENCIOSO   NOMBRAR
CHOCOLATE   SIGA
BOLSILLO   PINTAR
ELEGIR   NUNCA

Puzzle 82

```
E R A W C M V N D O E O K D D
A S E D V U F B E D S R H E P
F H P P H F L O R I T E Q P E
I Q G A R U F P Q C A D T R R
C I N A N E U B A E B N C I S
I F Ó P O T S W F B A E O M O
Ó Z I B V F A E V S L P L I N
N Q S I U F Ñ P N A R E A R A
N Ó R T A P A F Á T C D P A L
C D E F L O R E S J A K S T I
S Y V H U M A N O C A R O O Z
C A N A R I O M K G G R B V A
I N I P E R F E C T O U O G D
E O O Y Z B C V A C Í O L S O
```

REPRESENTAR	HUMANO
DICE	ESTABA
VOTAR	AFICIÓN
ARAÑA	BUENA
DEPENDER	COLAPSO
PERFECTO	CULPABLE
ESPANTAPÁJAROS	DEPRIMIR
PERSONALIZADO	CANARIO
VACÍO	FLORES
INVERSIÓN	PATRÓN

Puzzle 83

```
V  C  S  O  T  S  E  N  K  M  D  E  L  I  S
O  C  O  G  N  I  M  O  D  I  E  X  J  M  U
L  N  L  R  E  D  O  P  P  D  S  P  D  P  B
A  O  L  A  R  V  F  A  P  I  C  E  M  U  I
D  J  E  T  A  I  K  K  J  E  U  R  Z  E  R
O  E  U  I  L  S  E  R  T  N  B  I  E  S  P
R  R  Q  V  U  F  O  N  E  D  R  M  S  T  E
P  T  A  E  C  R  B  L  T  O  I  E  T  O  L
K  É  M  H  R  M  N  O  E  M  N  Ó  F  Í
O  T  R  E  I  S  E  D  V  R  I  T  M  J  C
I  N  E  D  C  Y  G  E  E  H  E  O  A  N  U
P  Y  I  J  I  U  D  X  W  N  N  U  G  Y  L
M  O  N  O  H  D  G  R  K  H  T  C  O  C  A
W  C  K  S  V  T  A  C  B  W  O  F  L  T  A
```

DOMINGO
OLOR
PÉRDIDA
IMPUESTO
MONO
SUBIR
DESIERTO
PODER
ESTOS
ESTÓMAGO

TRES
EVITAR
CIRCULAR
MIDIENDO
AQUELLOS
EXPERIMENTO
CORRIENTE
DESCUBRIMIENTO
VOLADOR
PELÍCULA

Puzzle 84

```
O F I C I N A M I T C Í V H K
T D A B R E V I A T U R A Á A
N E T E L E V I S I Ó N X M D
E S P F A W O R A C I Ó N S F
I A L A R E T N E D Y R O T W
M R E A U N Ó I C A L U G E R
A R S A V S D A K E O A L R J
T O C B F A A D J H R T N M O
R L U Ú J H N N N F T I Á I V
O L C P M T V D Z I N R R B F
P A H M L S N J E V O A F J C
M R A A G E N T E R C D A Z W
O D D H Y I N C V I Í O Z E X
C O O C B É I S B O L A A W T
```

LAVANDERÍA
ORACIÓN
PAUSA
AZAFRÁN
CONTROL
ENTERA
TELEVISIÓN
HÁMSTER
OFICINA
AGENTE

ABREVIATURA
VÍCTIMA
REGULACIÓN
CHAMPÚ
FINAL
DESARROLLAR
TIRADO
COMPORTAMIENTO
ESCUCHADO
BÉISBOL

Puzzle 85

```
L A I P E M P M E S P E R A R
A R J C A X O M H C L R E C A
D B L H Z D A D O L E I X O R
R U J W A J N C U T T T H L G
A V I W U Q M U T G O E I O O
R U J L S F I S P A H R B R L
S I Q K W R V É I K M R I I T
V A Z E L A R U T A N E R D O
O F Q R O T D P E P I D N A T
G A S B E I F S A D I V K T S
F O R M A L M E N T E I U O E
Q G B U E I U D I N V A D I R
R L T C Z M M F O N D O U P R
I A E S P O N J O S O A W J A
```

VIDAS	GAS
EXHIBIR	LOGRAR
CUMBRE	INVADIR
ESPERAR	DESPUÉS
NATURALEZA	ALGO
MOTOR	DERRETIR
EXACTAMENTE	LADRAR
MILITAR	COLORIDA
FORMALMENTE	ESPONJOSO
FONDO	ARRESTO

Puzzle 86

```
C A N T O D N A R P M O C F A
Y R O V C D P A C Í F I C O N
L A E T I E R A Ñ A G N E E F
W P M E M X S E C O D D P T I
B N X R R S Q C U R I F E N T
A N H C É E J P R C L L I E R
P D G E T W W P U I A V C M I
L O V R X D D F P R T G T L Ó
S L D B I S O N T E R O J A N
G X B R E X T R A Ñ O S R N E
A Z N A I F N O C P S R K I M
W T K E P D U W S E F Y D F O
A U T O R W O O F R N I B W I
E N T E N D E R R A N C V S A
```

TERCER
TÉRMICO
DOCE
ACUERDO
ENGAÑAR
COMPRANDO
EXTRAÑOS
CONFIANZA
PARA
PERA

ANFITRIÓN
PODRIDO
ESCRITORIO
ENTENDER
PACÍFICO
PIE
BISONTE
AUTOR
FINALMENTE
CANTO

Puzzle 87

```
B Ó S C H X X U P N T O E U J
U R U A Z X L H C I W D N Á S
O T I I L G A B A O I A N D I
N S W L L E V I N K P T E I M
I O Z D L E A V E O O S C R P
M M X J N A R B L D C U E E R
R A T Ó N F N H A C O S S C E
É U K I I I S T P V S A I C S
T M G V J O R R E U P Z D I I
A T E N C I Ó N M N Q A A O O
S U F I C I E N T E Y G D N N
C R I T S V E G E T A L Z E A
R E V E R T I R B Q K Q T S R
T E C N O L O G Í A G P M W D
```

TÉRMINO
TECNOLOGÍA
ATENCIÓN
POCOS
DIRECCIONES
NECESIDAD
RATÓN
ASUSTADO
CANELA
NIVEL

IMPRESIONAR
BRILLANTE
MOSTRÓ
SAL
SÁNDWICH
LAVAR
PUERRO
VEGETAL
SUFICIENTE
REVERTIR

Puzzle 88

```
M A C P D I F Í C I L E S M H
O L E C O N T R A S T E W A B
J G S J H O R K H U S P Y Y M
A U T A G A N R É I C U L O K
D I A Z S E L A P I C N I R P
A E V X U Z E I É N R R S A R
D N B I N U N D A C I Ó N U I
D E S G A S T E I B O G B D V
T X H D A V B F L O T A D O R
T R O P I C A L I X M T C J E
O C I T Á R C O M E D E K E S
P A R A D A A N A E O L D I T
G Q B G T E J R F G N A I I N
P R E O C U P A R S E T M N O
```

PARADA   PRINCIPALES
TROPICAL   OCÉANO
PREOCUPARSE   FAMILIA
FLOTADOR   CESTA
MEDIO   DESGASTE
DIFÍCILES   MOJADA
LUCIÉRNAGA   ALGUIEN
DEMOCRÁTICO   SERVIR
ALETA   MAYOR
CONTRASTE   INUNDACIÓN

Puzzle 89

```
D R Q T O G F L A L Y J Y L T
P E T R A P R A N I B M O C R
C A T P L I I U R A M A L A C
C O T E F C J N E T G V C Z H
T P Y I N P O A P E W E O E G
V M F O N I L M A N H R M V J
B A R H T A D G R O K E P R L
D C M K B E R O A G O D U E R
O E O D A L G E R R A I T C J
P L A N E S T E L U Q C A K Q
V X E Q L A X J U F Y T D A X
P E Q U E Ñ A S N H L O O U D
P H G D M H E I A W S D R N O
P E R S E C U C I Ó N T A O G
```

COYOTE	ESTE
PARTE	FRIJOL
CERVEZA	VEREDICTO
PERSECUCIÓN	REPARAR
COMPUTADORA	PEQUEÑAS
MANUAL	DETENIDO
ARREGLADO	FURGONETA
COMBINAR	CAMPO
CALAMAR	PATINAR
PLAN	LUNA

Puzzle 90

```
H U M I L D E D L I N C E E S
R S O U Y U J E D E R E C H O
H E L A D A S S C P P P V C Z
V X L I S I H A O R T S E U N
C D O D D E U P M F I E P X I
S A P B B M R A P A N C Q Q N
V D L Z P Q J R A N C O U X E
N I G E K F C E Ñ T L N I L S
O N E C N W D C E A U O E X T
M U J J O T L E R S Y M R Q A
B M V M O H A N A M E Í E X B
R O H A N S Á R T A N A W C L
E C X G T H C R E F O R M A E
E D U C A C I Ó N Y Y V M I M
```

DERECHO
REFORMA
HUMILDE
HELADAS
COMUNIDAD
LINCE
NUESTRO
EDUCACIÓN
DESAPARECEN
POLLO

QUIERE
ATRÁS
INCLUYEN
NOMBRE
INESTABLE
CALENTAR
COMPAÑERA
VIEJOS
FANTASMA
ECONOMÍA

Puzzle 91

```
C L A R A M E N T E L N C P G
E P Í I M H F Q D I I I O R K
X O H B P A N A O W M N N E G
P I A I E R G V R C Ó G T G R
R T B R N L O D Z U N U E U E
E A A C O R D N A F Z N N N A
D P Í S R G I I T L G O I T C
U I R E M Z P H P O E L D A C
C J O O E Z U I A B Z N O R I
I A G S F C C T B D O W A O Ó
R K E T N E M E L B A M A N N
O J T O T I S Ó P O R P Q W V
U O A L N K I O T R I S T E Z
H X C Z K P Y O R F I G U R A
```

ENORME
PATIO
PREGUNTARON
PROFESOR
MAGDALENA
CLARAMENTE
CONTENIDO
FIGURA
AMABLEMENTE
LIMÓN

NINGUNO
PRONTO
ESCRIBIR
CUPIDO
CATEGORÍA
BAHÍA
TRISTE
REACCIÓN
PROPÓSITO
REDUCIR

Puzzle 92

```
A T Ó M I C O P B S U Y O C H
T B Y O K Y T A L L C K D O J
O J F E U I E R M C O Q A N A
M Z D H W Q N A D I X C I F V
A N U E V O E G L Z Z I V L T
D I X A D Z D U C C Q S N I C
O Q Q H M R O A F O Z Y E C O
J I W C M B R S H X M E R T M
R A N I C O C R U V D I M O E
A H A M B U R G U E S A T N R
T P R O Y E C T O Z O J K É C
L A R E N E G V A M P I R O I
A X L L L O N G I T U D M O
S I E N T O I R A N E C S E Y
```

SUYO
LONGITUD
COMERCIO
SIENTO
HAMBURGUESA
PARAGUAS
COCINAR
ESCENARIO
TENEDOR
TOMADO

CONFLICTO
COMITÉ
PROYECTO
SALTAR
MEZCLA
ATÓMICO
NUEVO
ENVIADO
VAMPIRO
GENERAL

Puzzle 93

```
G U X W V L O R Y K V W G P X
O A Í D N A S G X O Q G E I E
S V T A I C O A H D I B N N P
Q V M O J R A M U A T G E T R
V I S I T A T A B R O C R U P
C L P N N T J A R D Í N A R A
L I M O F N I T Z A C T C A R
I V N Y P O M O G U O D I R T
M Ó R C M M U N I C R U Ó D I
P M F P O I C O N E J O N U C
I O A B U N D A N T E A K O U
O T O U D W A M D M U J E R L
I U C A L C U L A D O R A M A
L A I R E T A M W O I S I O R
```

SANDÍA	NOTA
PARTICULAR	ABUNDANTE
GATO	JARDÍN
CALCULADORA	MUJER
CORBATA	CONEJO
MATERIAL	GENERACIÓN
ROCÍO	MONTAR
CINCO	AUTOMÓVIL
PINTURA	CUADRADO
VISITA	LIMPIO

Puzzle 94

```
K Y O P O R A T N E S E R P I
M E N T I R A U E L O E J Q L
R L E P S A N R A T R O C C A
P D S Z S O E Ó N T J V P F R
O S R Y O C C N H S L U C H A
N A I F D Z K G R A I F I L I
V E N T A J A N E L L A B L C
T A U B M H G R O V D U R U U
O H E E R G N A S A P Y O V S
L H R M O R G S S R Z U M I Z
E L K O F D E P V D P I P O L
R C R E C I M I E N T O E S Q
A N F T I N J O D L Y Q R O M
S A L U D A B L E I F O N S R
```

VENTAJA
SANGRE
REUNIRSE
CRECIMIENTO
MENTIRA
CORTAR
ROMPER
TOLERA
SUCIA
COSTO

CENA
PRESENTAR
TURÓN
LUCHA
LEY
BALLENA
SALUDABLE
FORMADO
SALVAR
LLUVIOSO

Puzzle 95

```
O S D U E N D E J I F L S J Y
F D S B T N H E Q O Q T B U F
T R A B A J A D O R Q A E G P
B T D L A E A U P A D R S A Q
U E C U I E G W Q G T J T N F
S S L H A R E N A U H E I D J
A O A L I E K P A L G T L O E
P O L D O C W C R Y F A O T R
O Y U D O T O Q E T R O P E D
E S A T E N A L P U E R D A P
K O J Y L N O S S K G Y E C Y
U X C A M I Ó N E W A P O C O
V Y G A O S V T A M R X M E X
Ú L T I M A M E N T E C K B Q
```

JUGANDO
PLANETAS
TRABAJADOR
ARENA
DEPORTE
CAMIÓN
DUENDE
BELLOTAS
USADO
FREGAR

ÚLTIMAMENTE
POCO
JAULA
LUGAR
TARJETA
SAPO
ESPERA
PADRE
ESTILO
CHICO

Puzzle 96

```
D O L O R O S A M E N T E A D
Q A Q U D R L L M K E G R U E
G B I R S I L U W A Y J E M C
C L G T O Q S K T Z O I F E E
M A E S T R O C H O J A L N P
H U S N A J J O U T Z Q E T C
F T A O P G L R P T D Y J O I
I C N M A R O B A R I N A A O
B A I F Z E U Q Q B T R R T N
E X T R E M A D A M E N T E A
S J R A U T C A R E T N I N D
G J O S P A C I E N T E P C O
Y Q C A R I H C S M U B Z Q S
P R E C I O S O I V H U N D E
```

ACTUAL
MONSTRUO
DISCUTIR
EXTREMADAMENTE
PACIENTE
OYEN
PRECIOSO
DOLOROSAMENTE
HUNDE
CORTINAS

ROBAR
CASA
ROCK
ZAPATOS
INTERACTUAR
MAESTRO
REFLEJAR
AUMENTO
DECEPCIONADO
HOJA

Puzzle 97

```
E G P O L L E U C C I U D A D
X N W T Y C S V B N P Y S C I
K N S N Y O R I U G E S N O C
B F U E O E I X M F R T K M N
R L M I Ñ Y B R I A Í O Y O E
L L L M C A I O S V M D U C G
A C T I V O R J T O E A A I A
L G M D Y O C O E R T V R G T
E U U N H U S Z R I R Í W P I
U S O E J D E B I T O A Y S V
C K Z R L G D Q O O F W C C O
S P R O N U N C I A C I Ó N M
E L B A Z I L I T U E R H A N
F R E N T E K G R U P O F R C
```

GRUPO
PRONUNCIACIÓN
ENSEÑAR
NEGATIVO
RAMA
RENDIMIENTO
TODAVÍA
DESCRIBIR
ROJO
REUTILIZABLE

CUELLO
COMO
CIUDAD
MISTERIO
ACTIVO
ESCUELA
PERÍMETRO
CONSEGUIR
FRENTE
FAVORITO

Puzzle 98

```
M S N W Q F Q X A T C A X E X
C O L I S I O N A R O T B V W
P E R T U R B A R W N N T N Y
I N F E R I O R X X D C U Y O
V N K A H I J O M Y U O U T V
X F E T N E M L A I C E P S E
Á R B O L E S Q M L T G X O O
A L L I D O R I O D A G O B A
Í J P F J N E F N Q A T B N A
R B U T Y V K B Z I M Z N K R
A U Q S E N O Z A R O C A E V
H R S E T R O P E D E C W D M
W R E J R A T S E R P Q Q F A
Z O Q I S L R E M O C Z F V Y
```

CONDUCTA
AJUSTAR
COMER
COLISIONAR
PRESTAR
DEPORTES
ABOGADO
HARÍA
RODILLA
EXACTA

CORAZONES
ESPECIALMENTE
CUYO
AZADA
INFERIOR
HIJO
ÁRBOLES
BURRO
PERTURBAR
MENTAL

Puzzle 99

```
V R E C O L E C T A R M T P I
I M P O R T A N T E V A R O P
H E L I C Ó P T E R O T E L O
A G R E G A R A O P V E I Í O
L L P S Q K N I F D M L N T H
E H N A B O G C P I H A T I B
P K F X N X K N V U L T A C E
H A B L Ó Q I E O T M A O O S
X E J E A E S R A S A C D S O
N Ó T O C O L E M R P M A O D
B L S H E C M F R F C G T L A
T A E J B R I I Q A P V S E N
Y A B R O D E D N E V Z E U A
N A C I M I E N T O K Z K S G
```

NACIMIENTO
BESO
HABLÓ
GANADO
TREINTA
SUELO
VENDEDOR
TELA
AFILADO
AGREGAR

MELOCOTÓN
DIFERENCIA
ACEBO
NABO
CASARSE
ESTADO
IMPORTANTE
HELICÓPTERO
RECOLECTAR
POLÍTICO

Puzzle 100

```
R C O M P L E J O F L X P R X
S E L O C R É I M R E T O E Z
P E G E S E N C I A L G T P T
C O N L Z A Q A V U V D S E P
K D S V A D I G Í R B I I N L
V I T T I S A C U D I R V T A
E R O R E A R H E W G I G I T
L O B E J R R A C I D N I N O
O L O C F U J B W M E T D A T
C O G O Y T S Í G K T Z Z M Q
I D Á R V N D A W A C U E E D
D Q N D H I U E B P R G R N P
A B K A G P N W X W C W D T X
D A H R U S O I R N A C M E G
```

ESENCIAL
SACUDIR
HABÍA
VELOCIDAD
VISTO
REPENTINAMENTE
RETO
TOBOGÁN
RÍGIDA
PINTURAS

DOLORIDO
RECORDAR
ENVIAR
POSTE
MIÉRCOLES
INDICAR
USO
PLATO
COMPLEJO
REGLA

Puzzle 1

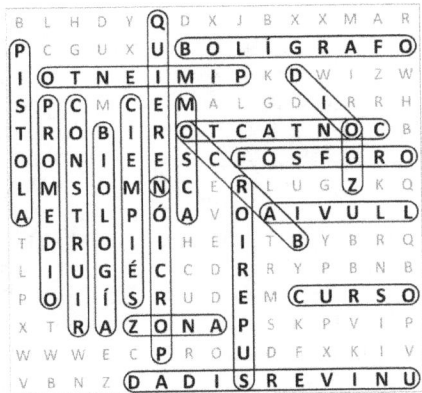

Puzzle 2

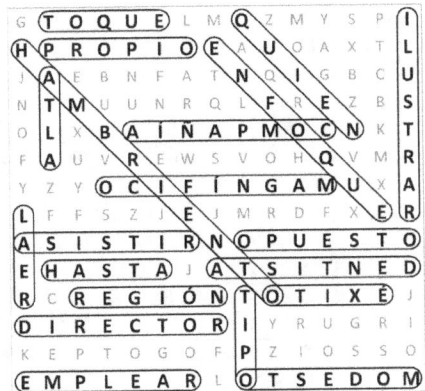

Puzzle 3

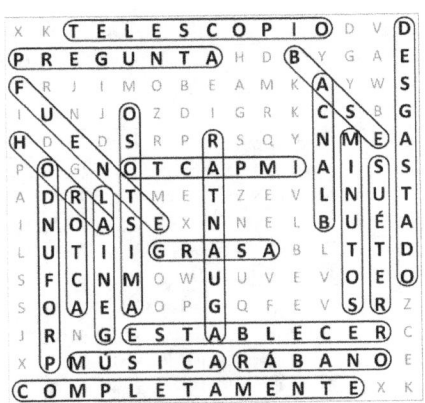

Puzzle 4

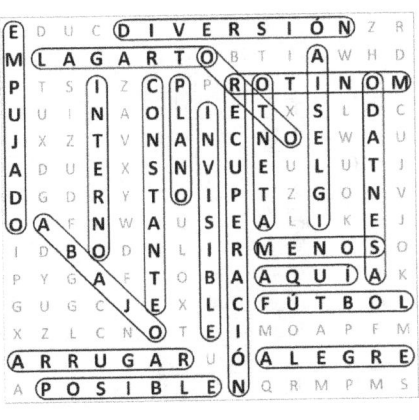

Puzzle 5

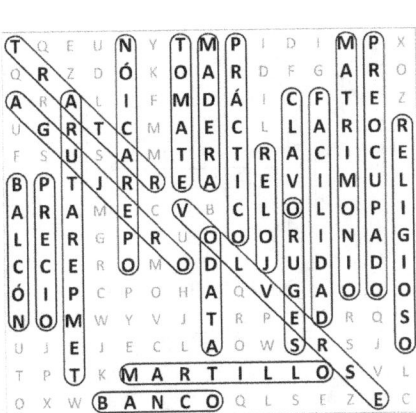

Puzzle 6

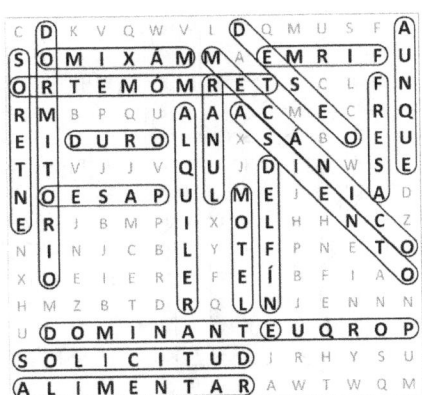

Puzzle 7

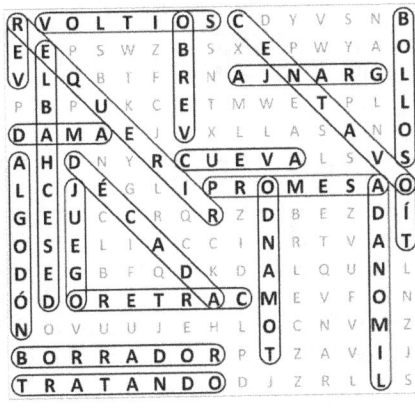

Puzzle 8

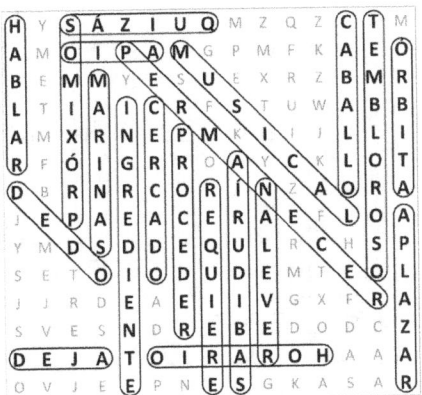

Puzzle 9

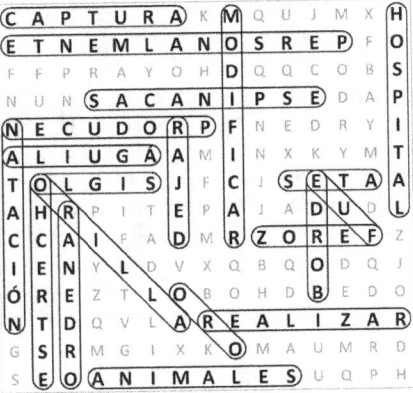

Puzzle 10

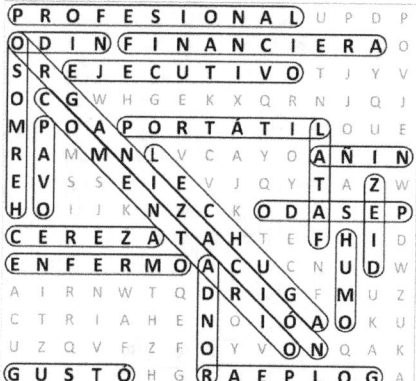

Puzzle 11

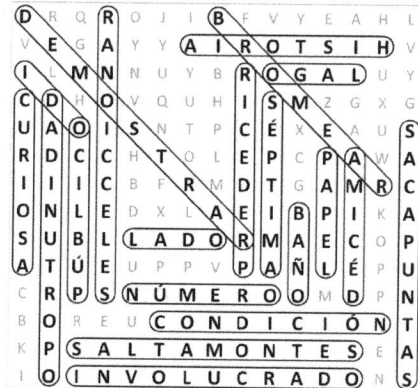

Puzzle 12

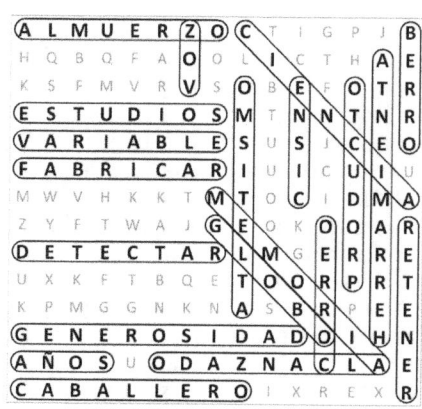

Puzzle 13

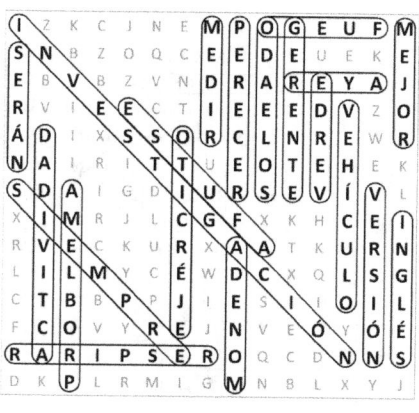

Puzzle 14

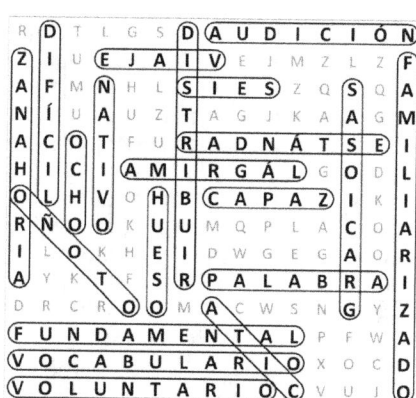

Puzzle 15

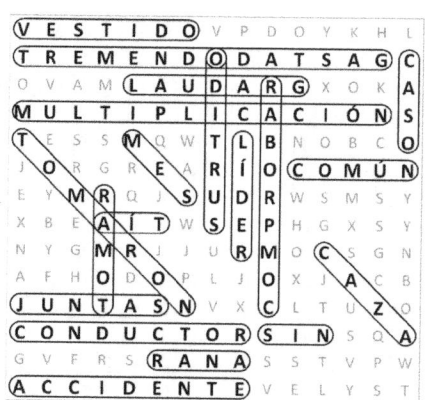

Puzzle 16

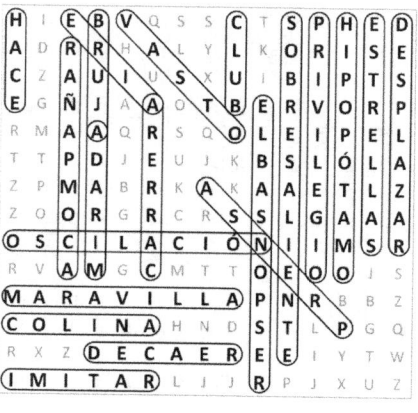

Puzzle 17

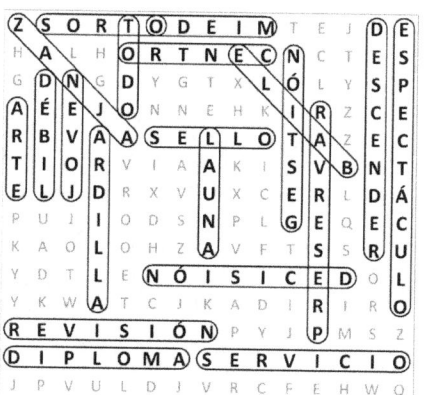

Puzzle 18

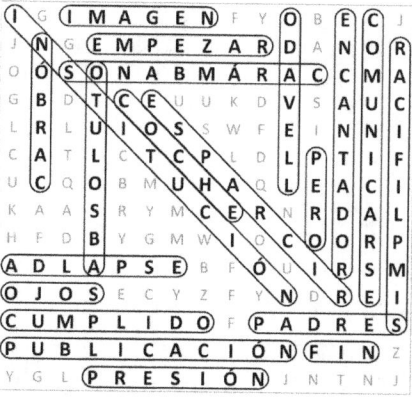

Puzzle 19

Puzzle 20

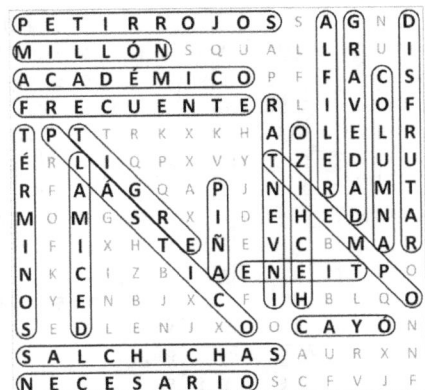

Puzzle 21

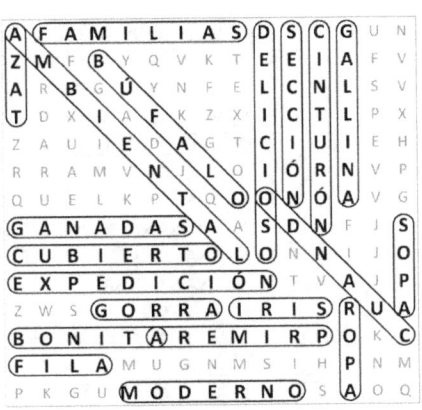

Puzzle 22

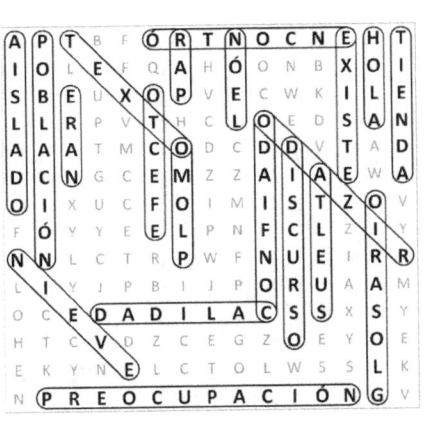

Puzzle 23

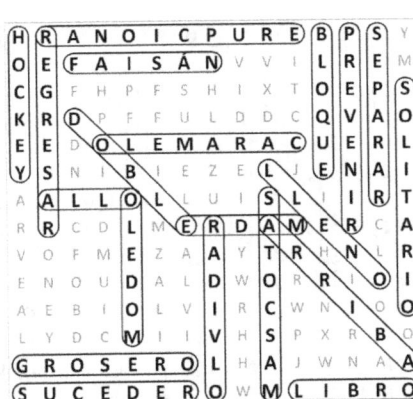

Puzzle 24

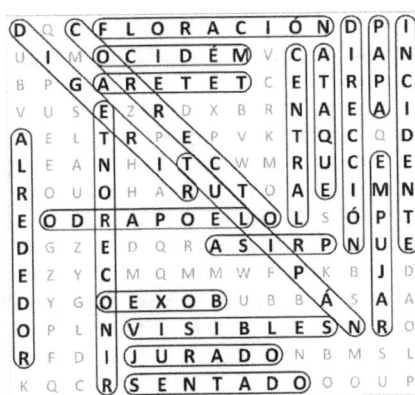

Puzzle 25

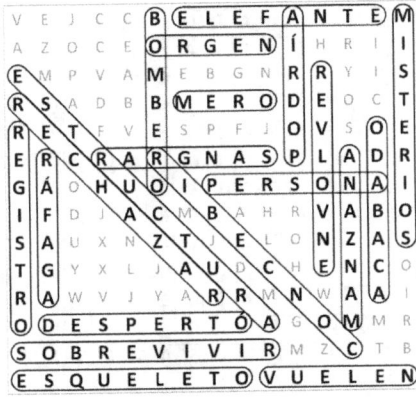

Puzzle 26

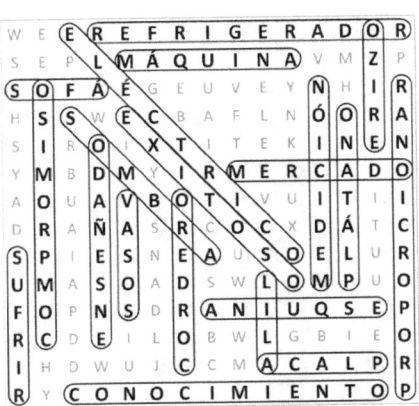

Puzzle 27

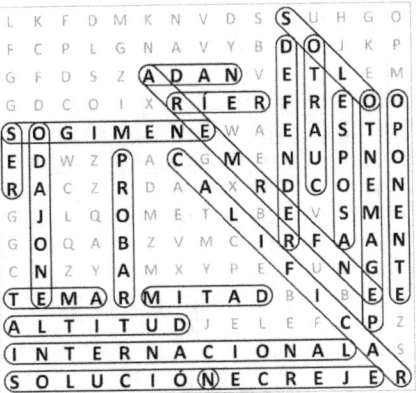

Puzzle 28

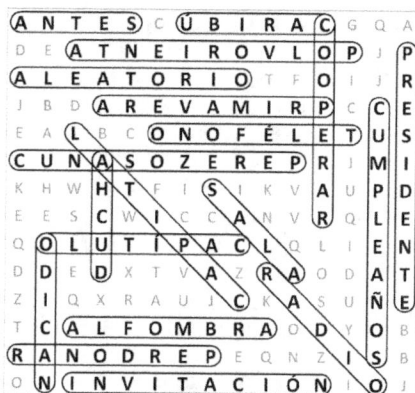

Puzzle 29

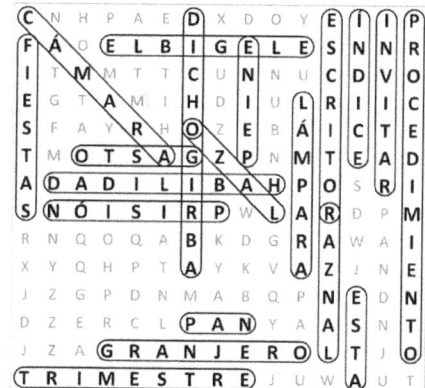

Puzzle 30

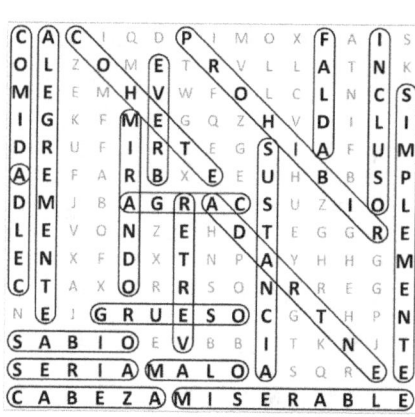

Puzzle 31

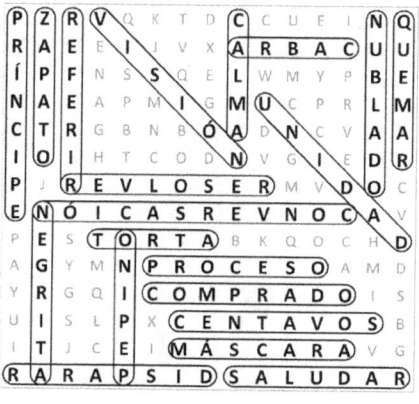

Puzzle 32

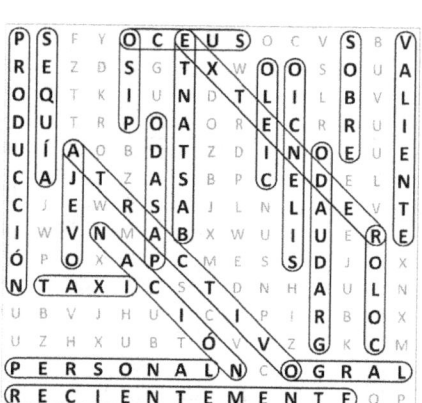

Puzzle 33

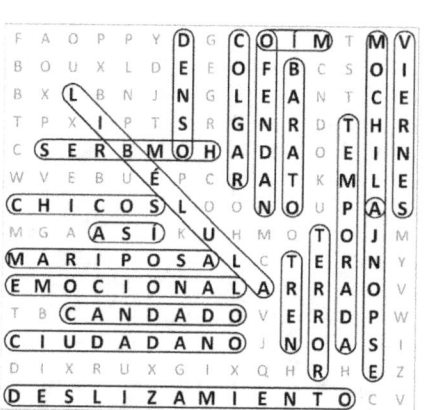

Puzzle 34

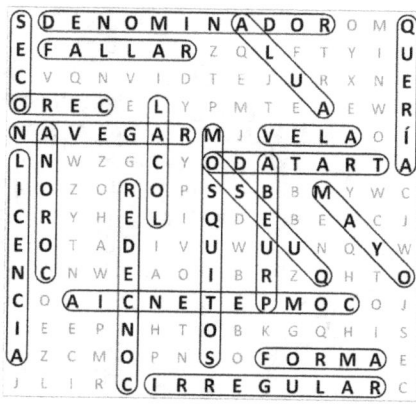

Puzzle 35

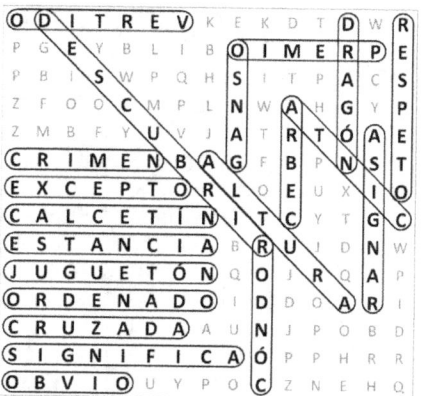

Puzzle 36

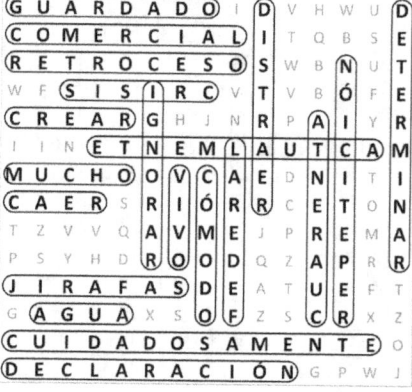

Puzzle 37

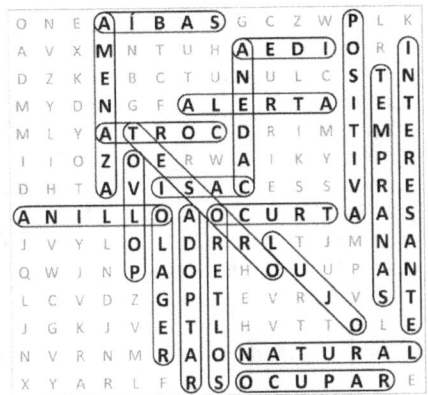

Puzzle 38

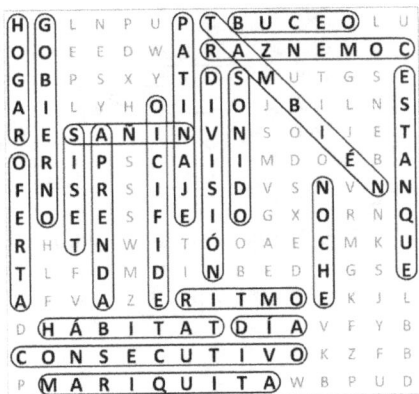

Puzzle 39

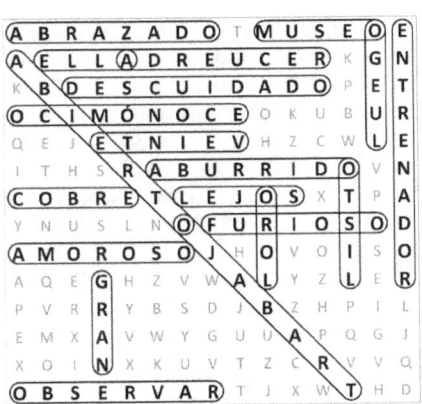

Puzzle 40

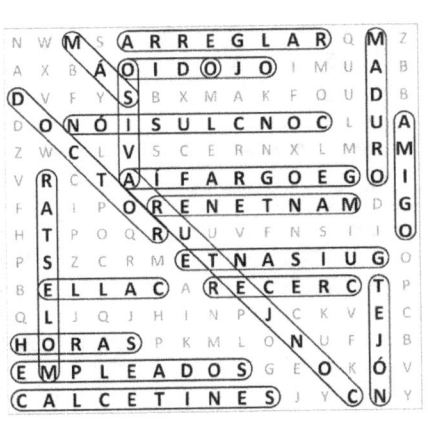

Puzzle 41

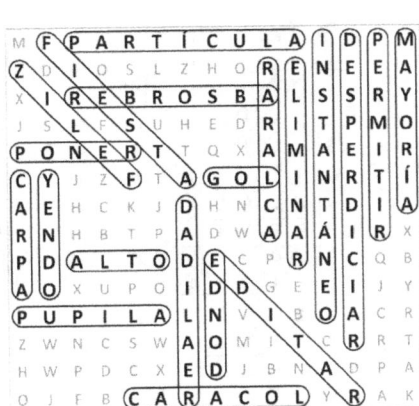

Puzzle 42

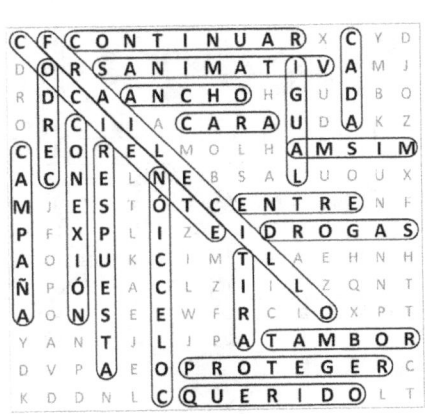

Puzzle 43

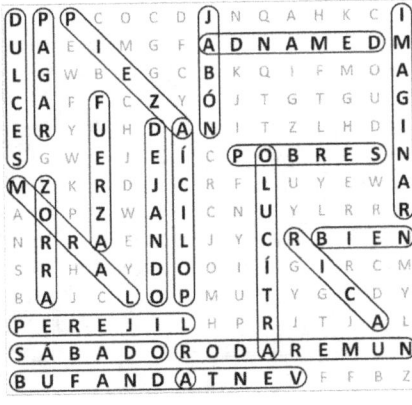

Puzzle 44

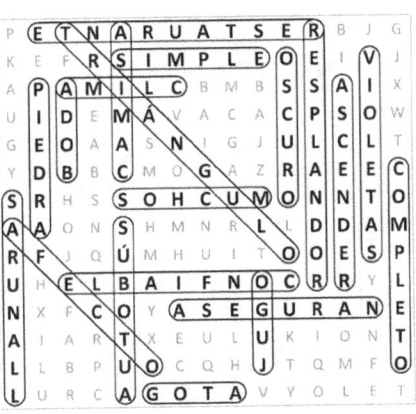

Puzzle 45

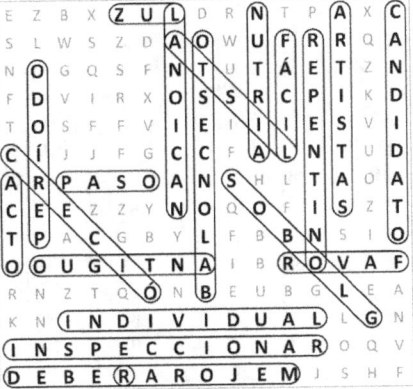

Puzzle 46

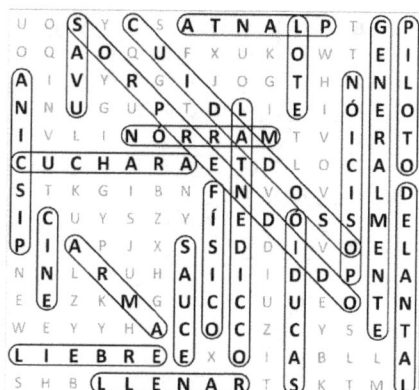

Puzzle 47

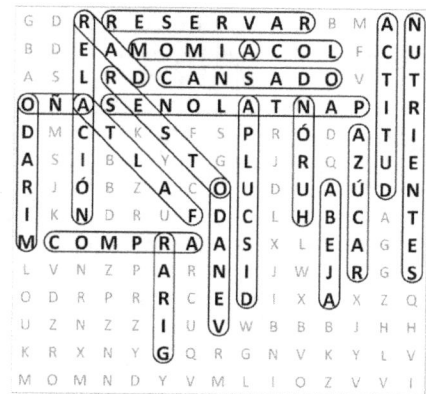

Puzzle 48

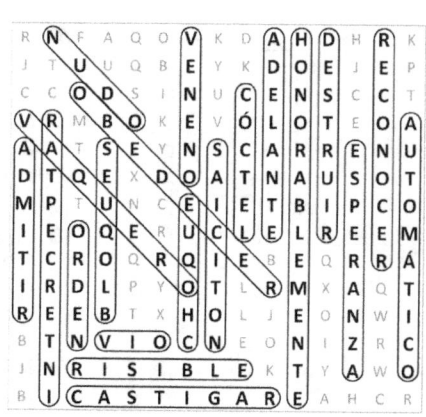

Puzzle 49

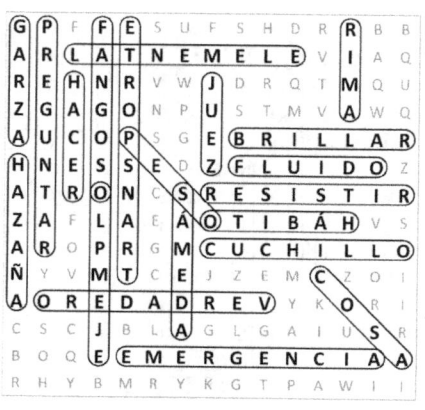

Puzzle 50

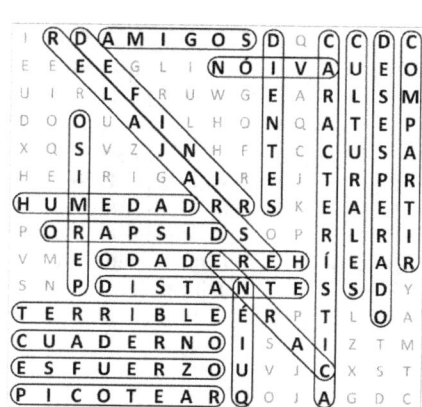

Puzzle 51

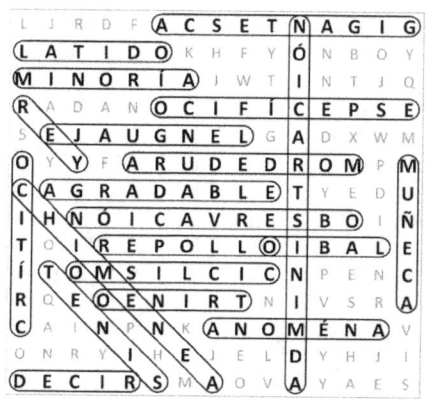

Puzzle 52

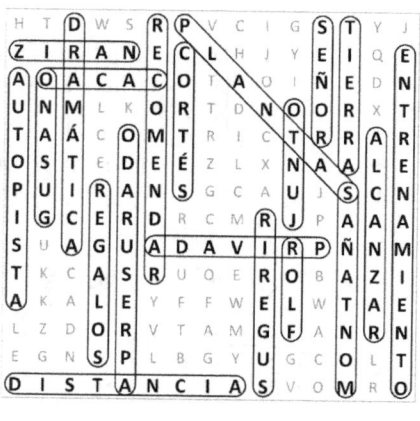

Puzzle 53

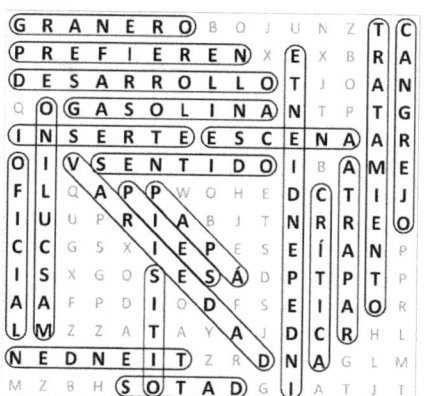

Puzzle 54

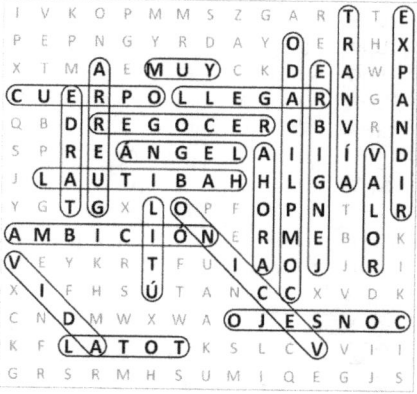

Puzzle 55

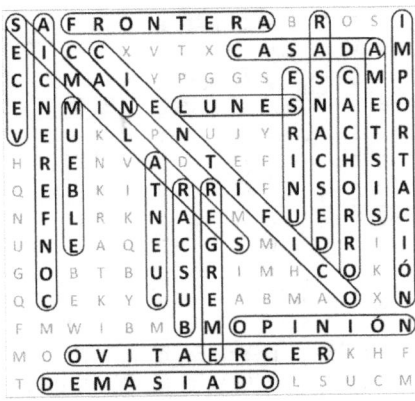

Puzzle 56

Puzzle 57

Puzzle 58

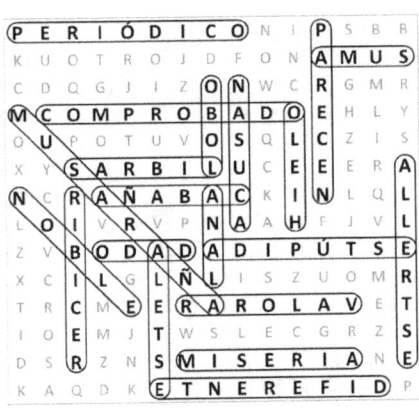

Puzzle 59

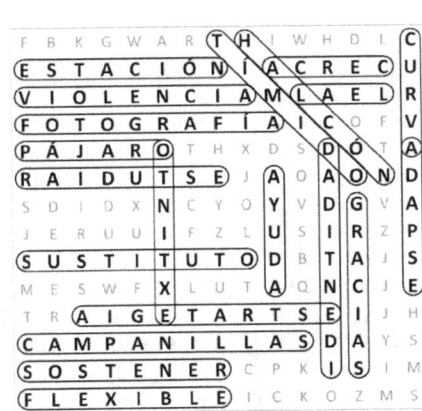

Puzzle 60

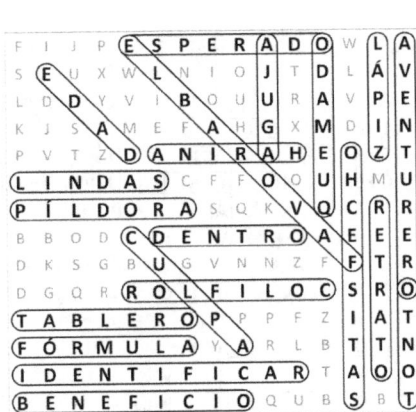

Puzzle 61

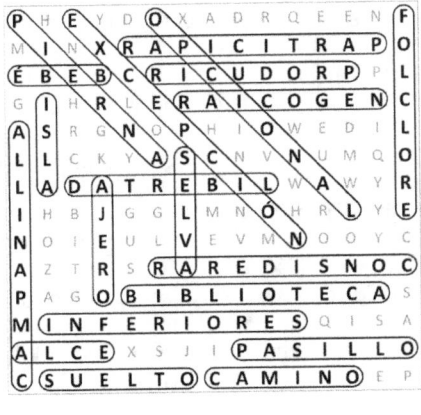

Puzzle 62

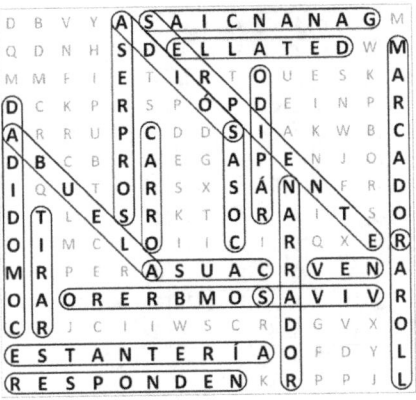

Puzzle 63

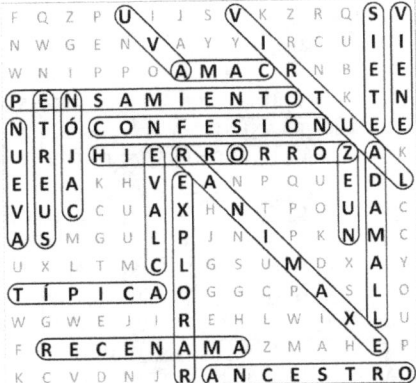

Puzzle 64

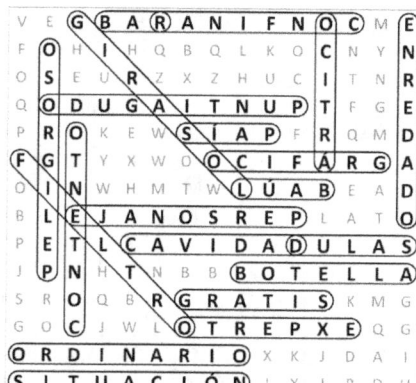

Puzzle 65

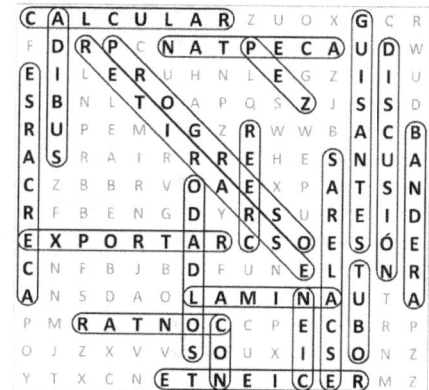

Puzzle 66

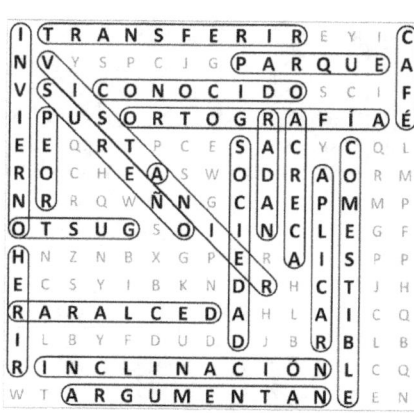

Puzzle 67

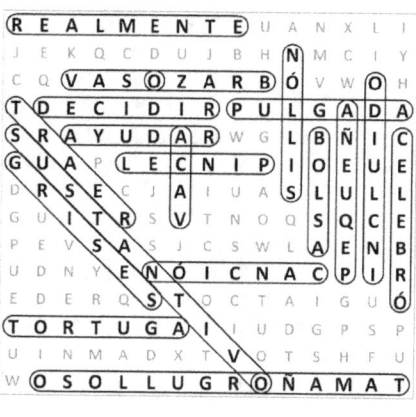

Puzzle 68

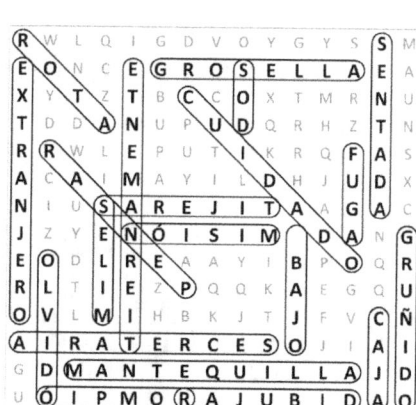

Puzzle 69

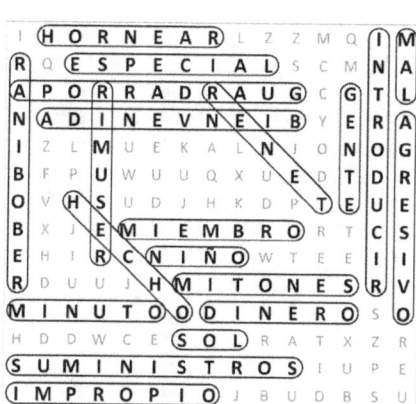

Puzzle 70

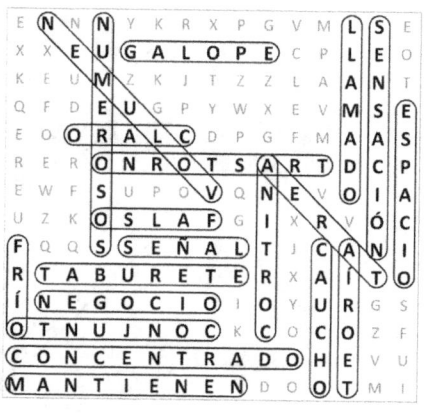

Puzzle 71

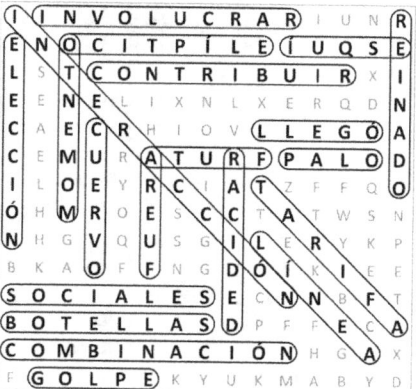

Puzzle 72

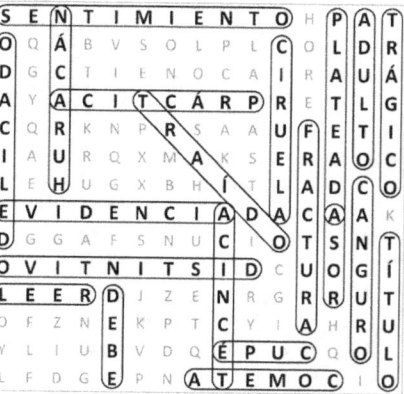

Puzzle 73

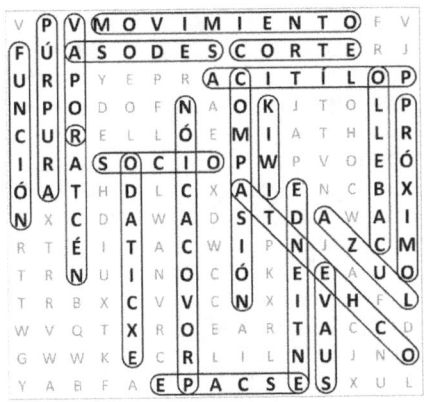

Puzzle 74

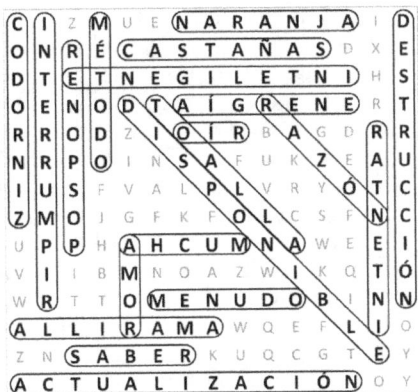

Puzzle 75

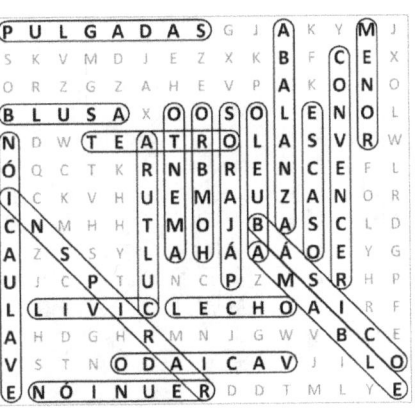

Puzzle 76

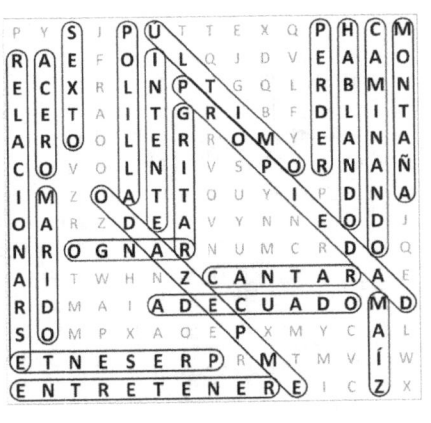

Puzzle 77

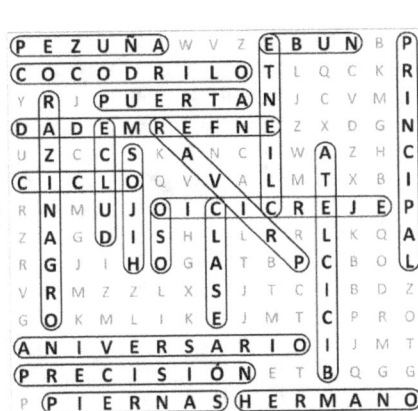

Puzzle 78

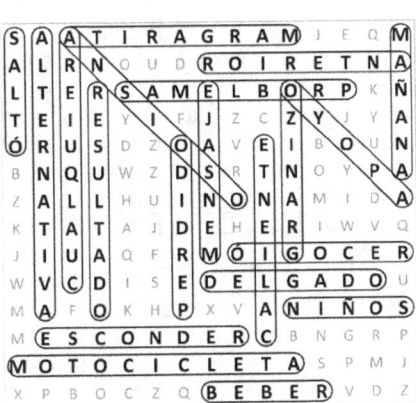

Puzzle 79

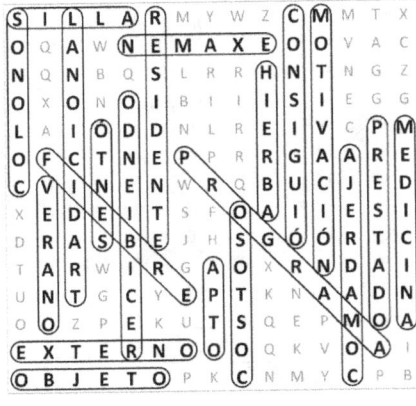

Puzzle 80

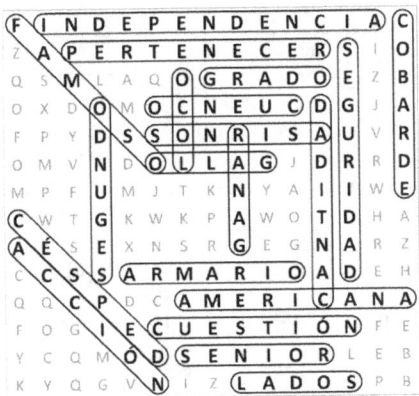

Puzzle 81

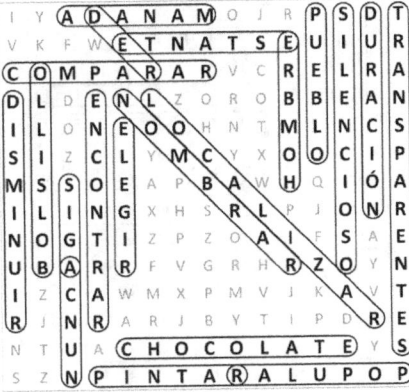

Puzzle 82

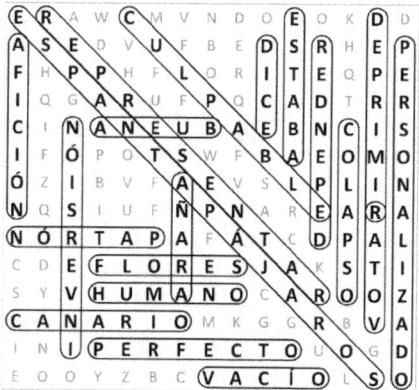

Puzzle 83

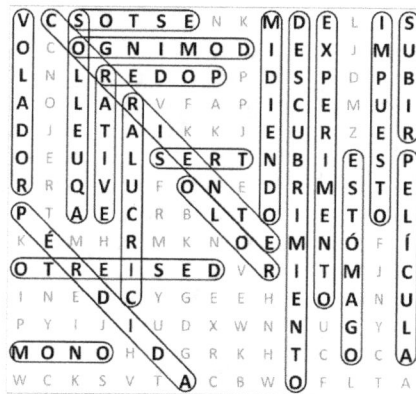

Puzzle 84

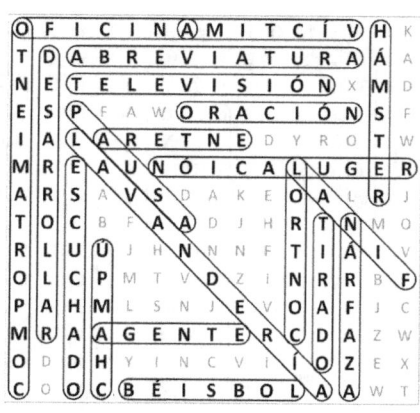

Puzzle 85

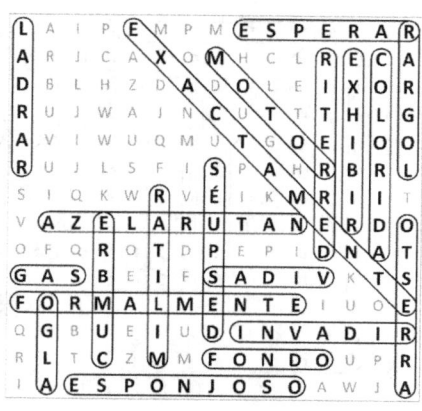

Puzzle 86

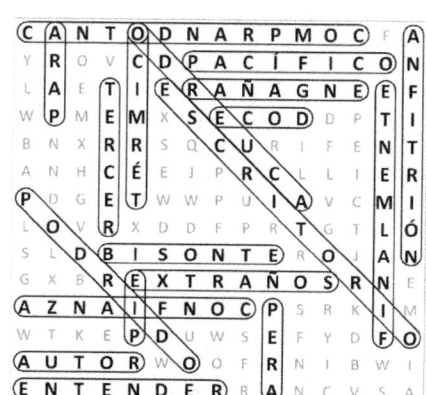

Puzzle 87

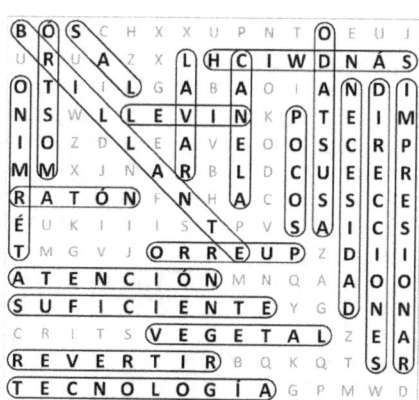

Puzzle 88

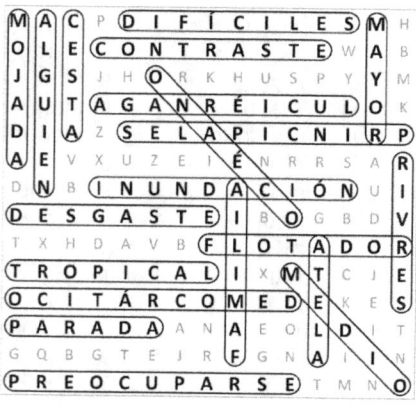

Puzzle 89

Puzzle 90

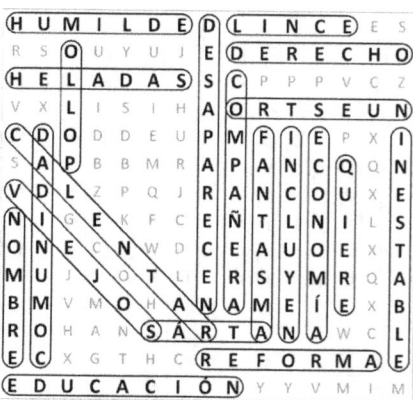

Puzzle 91

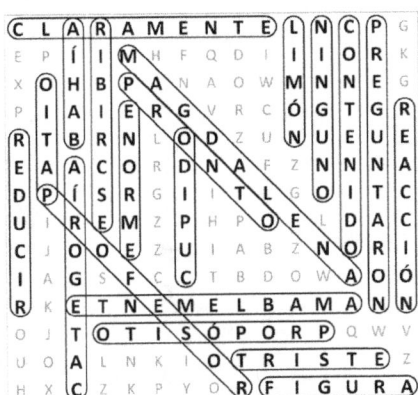

Puzzle 92

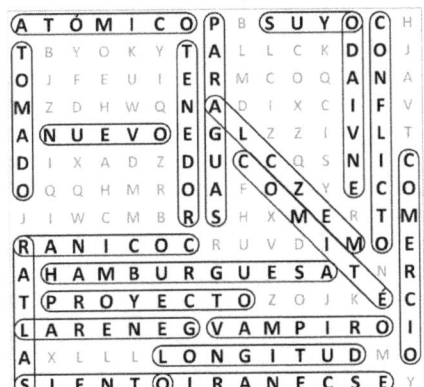

Puzzle 93

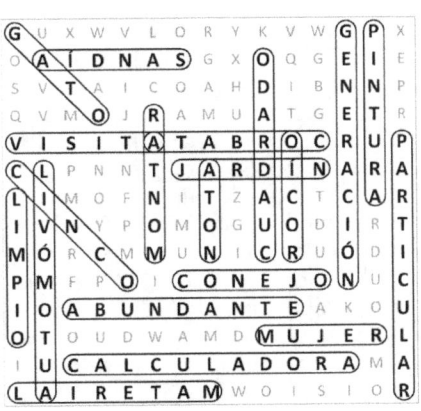

Puzzle 94

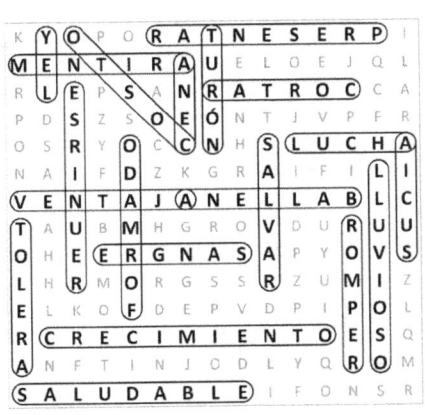

Puzzle 95

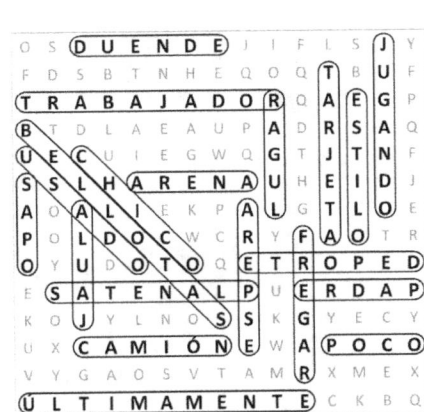

Puzzle 96

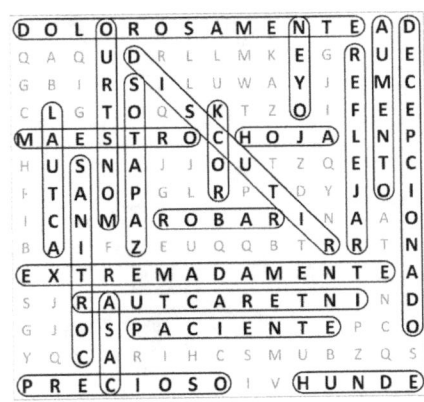

Puzzle 97

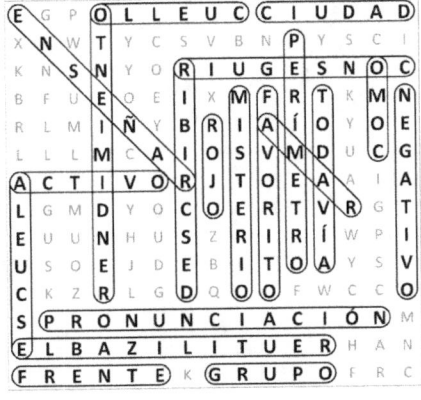

Puzzle 98

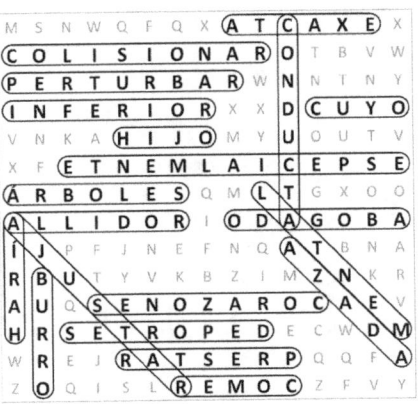

Puzzle 99

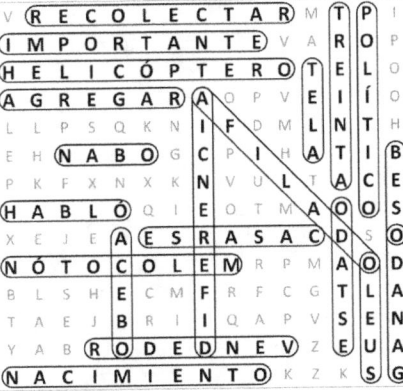

Puzzle 100

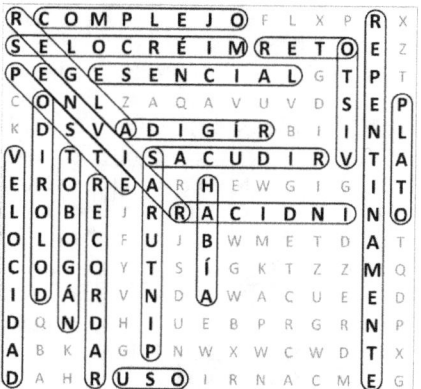

Congratulations

You made it!

We hope you enjoyed this book as much as we enjoyed making it. We do our best to make high quality games.

These puzzles are designed in a clever way to actively spark the brain and make it sharp and quick!
Did you love them?

A Simple Request

Our books exist thanks to the reviews you post on Amazon. Could you help us by leaving a review now?

Here is a short link which will take you to your Amazon orders review page.

BestBooksActivity.com/Review50

MONSTER CHALLENGE!

Challenge #1

Ready for Your Bonus Game? We use them all the time but they are not so easy to find. Here are **Synonyms**!

Note 5 words you discovered in each of the Puzzles noted below (#21, #36, #76) and try to find 2 synonyms for each word.

Note 5 Words from *Puzzle 21*

Words	Synonym 1	Synonym 2

Note 5 Words from *Puzzle 36*

Words	Synonym 1	Synonym 2

Note 5 Words from *Puzzle 76*

Words	Synonym 1	Synonym 2

Challenge #2

Now that you are warmed-up, note 5 words you discovered in each Puzzle noted below (#9, #17, #25) and try to find 2 antonyms for each word. How many lines can you do in 20 minutes?

Note 5 Words from *Puzzle 9*

Words	Antonym 1	Antonym 2

Note 5 Words from *Puzzle 17*

Words	Antonym 1	Antonym 2

Note 5 Words from *Puzzle 25*

Words	Antonym 1	Antonym 2

Challenge #3

Wonderful, this monster  challenge is nothing to you!

Ready for the last one? Choose your 10 favorite words discovered in any of the Puzzles and note them below.

1.	6.
2.	7.
3.	8.
4.	9.
5.	10.

Now, using these words and within a maximum of six sentences, your challenge is to compose a text about a person, animal or place that you love!

Tip: You can use the last blank page of this book as a draft!

Your Writing:

Explore a Unique Store
Set Up **FOR YOU!**

NOTEBOOK:

SEE YOU SOON!

Delta Classics Team